U0921876

人文社科

高校学术研究论著丛刊

守护心灵——高职学生心理健康问题探析

李慧 著

图书在版编目(CIP)数据

守护心灵 ：高职学生心理健康问题探析 / 李慧著. —
北京:中国书籍出版社,2019.5
ISBN 978-7-5068-7297-3

Ⅰ.①守… Ⅱ.①李… Ⅲ.①大学生－心理健康－
健康教育－教育研究－高等职业教育 Ⅳ.①G444

中国版本图书馆 CIP 数据核字(2019)第 099422 号

守护心灵 ：高职学生心理健康问题探析

李 慧 著

丛书策划 谭 鹏 武 斌
责任编辑 邹 浩
责任印制 孙马飞 马 芝
封面设计 东方美迪
出版发行 中国书籍出版社
地　　址 北京市丰台区三路居路 97 号(邮编:100073)
电　　话 (010)52257143(总编室) (010)52257140(发行部)
电子邮箱 eo@chinabp.com.cn
经　　销 全国新华书店
印　　刷 三河市铭浩彩色印装有限公司
开　　本 710 毫米×1000 毫米 1/16
印　　张 15.75
字　　数 204 千字
版　　次 2019 年 9 月第 1 版 2019 年 9 月第 1 次印刷
书　　号 ISBN 978-7-5068-7297-3
定　　价 72.00 元

目　录

第一章　打开心窗：高职大学生心理健康概述

心理健康是一个动态发展的过程，在人生发展的每一个阶段都会存在心理健康与不健康的问题。特别是由青春期向成年期转变的高职大学生，其生理、心理趋于成熟而尚未完全成熟，缺乏生活经验和社会阅历，自我定位高、成才欲望强，极易产生超负荷的心理压力和思想负担，从而产生困惑、苦闷、焦虑、抑郁、悲观等负面情绪。因此，高职院校要加强心理健康教育，维护和增强大学生心理健康，促进大学生健康成长。

第一节　心理健康的内涵

一、心理现象与心理本质

人的一切活动都离不开心理活动，而心理现象无处不在，且人皆有之。从古到今，许多科学家对心理现象进行了重点关注与不懈的探索。

（一）心理现象

心理现象可以分为两大类，即心理过程和个性心理。心理过程包括认知过程、情绪情感过程和意志过程，它以过程的形式存在，要经历发生、发展和结束三个不同阶段。人的认知、情绪情感和意志过程构成了人类丰富的内心世界(即意识)。它们从不同方面反映了心理活动的不同特征,三者之间相互联系、相互影响。由于个人先天资质不同,后天的生活条件和所受教育程度有所差别,所以心理过程表现在每个人身上时总带有个人特征,即个性心理,称之为人格或个性,它包括个性倾向性(如兴趣、需要、动机等),还包括个性心理特征(如能力、气质、性格)及自我意识系统。

(1)认知过程。认知过程是人最基本的心理活动过程。认知是人对作用于感觉器官的外界事物进行信息加工的过程,即信息的获得、贮存、转换、提取和使用的过程。人类个体的认知因素涵盖范围很广,包括感知、记忆、注意、思维、想象、言语等。

(2)情绪情感过程。情绪情感过程是人对外界客观事物的态度和内心体验,是对客观事物与主体需要之间关系的反映,是人的需要获得满足与否的反映,如喜、怒、哀、乐、恨、爱等。

(3)意志过程。意志过程是指人有意识、有目的、有计划地调节行动、克服困难、实现目的的一种心理过程。它分为两个阶段:采取决定阶段和执行决定阶段。

(4)需要和动机。需要是人体内部的一种不平衡状态,是对维持和发展生命所必需的客观条件的反映。动机则是推动个体从事某项活动,并指向一定目标前进的动力和源泉。当个体意识到自己的需要时,这种需要就变成了活动的动机。

(5)能力、气质和性格。能力是个体顺利、有效地完成某种活动所必须具备的心理条件;气质是心理活动动力特征的总和,表现为心理活动的反应速度、强度和稳定性等方面的人格特征;性格是人对现实的稳定态度和与之相应的习惯化行为方式的人格特征。

人的心理过程和个性心理互相联系又有所不同。心理过程侧重于心理现象的组成,它具备发生、变化的过程并具有共性规律。个性心理则从心理现象在个体上的表现来分析,它较稳定、频繁地表现出个体有别于他人的特征,并具有差异性规律。

人的心理现象图示,如图 1-1 所示。

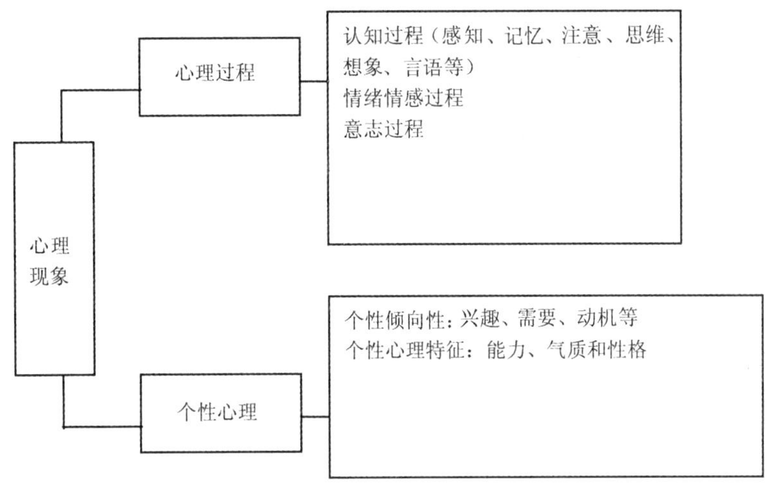

图 1-1　人的心理现象图示

(二)人的心理本质

大量的事实证明:心理是脑的功能,是人脑对客观现实主观能动的反映。这一论断科学地阐释了心理现象的本质属性。

(1)心理是物质发展到一定阶段才产生的。物质发展到生命阶段,当生物有了神经系统就出现了心理这种功能。它在进化的不同阶段,产生相应的、不同水平的心理现象。一般来说,无脊椎动物(蚂蚁、蜜蜂)只有感觉,脊椎动物发展出了知觉,哺乳动物的灵长类开始具有思维的萌芽。

(2)心理是脑的机能。心理是脑的机能,脑是心理活动的器官。"脑"只指头颅内涵的生命物质部分;"心"是指它的功能活动,此"心"非西医学中"心脏是供血的搏动器官",而是脑的一切"本领"的范围。1861 年,法国医生布罗卡通过对失语症患者的尸体解剖,在大脑左半球发现了语言中枢,才把"脑是人的心理器官"完全确定下来。没有脑的心理,或者说没有脑的思维是不存在的。正常发育的大脑为心理的发展提供了物质基础。人脑是最复杂的物质,是物质发展的最高产物,是神经系统发展的最高产物。

(3)心理是在反射活动中实现的。反射是有机体与环境相互作用的基本形式。脑在反射中发挥异常复杂的联系转换功能,即整合作用。脑既可同时接受当前的各种刺激,还受过去刺激的影响,加之反馈的作用,就使得在反射的中间环节中产生的心理变得极为复杂。

(4)心理是客观现实的反映。心理现象是客观现实作用于人的感觉器官——大脑的活动而产生的。所以客观现实是人的心理源泉和内容。对于人类来说,客观现实既包括自然界、社会,又包括人类自己。一切心理活动都是由神经活动过程携带的对客观现实的反映。心理的反映有以下重要特点。

第一,心理是观念的反映。在哲学中,物质相互作用并留下痕迹的过程称为反映。反映性是物质的普遍特性。物质世界的反映形式有物理的、化学的、生物的,都是物质相互作用和影响而形成的。唯有心理的反映形式是非物质的、观念的反映。观念的反映构成了人的精神世界,它使人认识外界,存储知识,制订计划,调节行为。

第二,心理的内容来自客观现实。人对客观现实的反映不限于现在的事物,还涉及过去经历过的事物,而且后者又会影响前者。心理的内容虽然可以远远超过面临的客观现实,但总是受所处时代的局限,归根到底不能脱离客观现实。

第三,心理是客观世界的主观能动的映像。“反映”本是一种物理事实。心理的主动性的最基本表现是反映的选择性。人的选择性不只取决于生物性,更重要的是取决于人的社会需要,正是这种社会性需要才使人的心理的主动性上升为主观能动性。

第四,人的心理的社会制约性。人的反映的选择性虽然也取决于生物性,但这很次要。什么事能引起个体的注意、深思,这都由个体在社会关系中所处的地位来决定的,即人的心理的社会制约性。另外,尽管人的高度复杂的需要使人的心理有了高度复杂的主观能动性,但也不是主观任意的,归根到底,人的需要本身还是由社会存在决定的。

总之,心理是大脑活动的结果,却不是大脑活动的产品。它不是镜子式的反映,而是能动的反映。同时,心理现象既是脑的机能,又受社会文化的制约,是自然和社会相结合的产物。

二、健康的概念

健康是人类社会发展的基石,人们对健康的重视和追求是社会进步的标志。传统观念中,人们认为健康就是一个人身体没有疾病和生理机能正常。随着科技的发展和社会进步,人们对健康的认识在不断地变化。现代社会对健康的理解趋向的是一种"立体健康观"或者说是"整体健康观",即健康应由心理尺度、医学尺度和社会尺度来评价,健康的概念已从传统的生物医学模式走向生物—心理—社会模式。同时认为健康是一种积极的选择,人们可以有意识地选择健康的生活方式。

1948 年,联合国世界卫生组织(WHO)在《世界卫生组织宣言》中开宗明义地指出:健康不仅是没有疾病和不虚弱,而且是一种个体在身体上、心理上、社会适应方面的完全安好的状态。世界卫生组织还提出了健康的十条标准。

(1)有充沛的精力,能从容不迫地应付日常生活和工作的压力而不感到过分紧张。

(2)处事乐观,态度积极,乐于承担责任,不论事情大小都不挑剔。

(3)善于休息,睡眠良好。

(4)应变能力强,能适应外界环境的各种变化。

(5)能够抵抗一般性感冒和传染病。

(6)体重适当,身材匀称,站立时头、肩、臀位置协调。

(7)眼睛明亮,反应敏锐,眼睑不发炎。

(8)牙齿清洁、无空洞、无痛感,牙龈颜色正常,无出血现象。

(9)头发有光泽、无头屑。

(10)肌肉和皮肤富有弹性,走路感觉轻松。

20 世纪 80 年代,世界心理卫生协会对健康概念又做了新的补充，指出健康包括躯体健康、心理健康、社会适应良好和道德健康这四个层面。

综上可知，健康不仅要求个体的生理健康，而且要求心理、思想和社会化等方面都要健康。

三、心理健康的概念及标准

心理健康的概念是由心理卫生的概念延伸过来的。心理健康通常是指一种积极的心理状态，心理卫生则是指一切维护心理健康的活动及研究心理健康的学问。

心理健康的标准可概括为以下十个方面。

(1)智力水平处于正常(IQ>90)范围。

(2)能正确认识自我，并悦纳自我。

(3)正视现实，热爱生活、学习和工作，并能获得满足感或幸福感。

(4)能管理和调控自己的情绪，基本保持一种积极、乐观的心态。

(5)人际关系和谐，有一定的人际交往能力，能与他人合作。

(6)有较强的独立自主能力和社会适应能力。

(7)具有一定的承受挫折能力。

(8)有责任感，有爱心和社会公德心。

(9)心理年龄与生理年龄基本符合。

(10)人格基本保持完整、协调。

同时，在界定心理健康标准时要注意以下内容。

(1)心理健康是一个发展的、相对的概念。说一个人心理健康还是不健康是相对的，是相对于常模(或是标准)来说的。这就要求人们在衡量心理健康与否的过程中需要用发展、动态的态度去看待。尤其是大学生处在可塑性极强的年龄阶段，要充分把握和努力发展他们良好的个性心理。

(2)心理健康与心理不健康之间没有截然明显的界限。我国心理学者岳晓东将健康比作白色,不健康比作黑色,认为在白色与黑色之间存在着一个巨大的缓冲区域——灰色区,灰色区域又可以进一步分为浅灰色区与深灰色区,浅灰色区的人只有心理冲突而无人格变态。深灰色区的人则患有种种异常人格和神经症。浅灰色区与深灰色区之间也无明确界限,是一个渐进的演变过程。大多数人的精神状况都散落在灰色区域内。

(3)一个人有不健康的心理和行为并不等于心理不健康。心理健康是较长一段时间内持续积极满意的状态,但并非毫无瑕疵。一个人偶尔出现一些不健康的心理和行为,并非意味着心理不健康,只要个体能适应社会生活、充分发挥其身心潜能、具有生命活力,就可被视为心理健康。

(4)心理健康的标准是一种理想尺度。它不仅指出心理健康与否的衡量标准,更重要的是指明了今后心理健康发展水平的努力方向。

根据国内外心理专家的研究,可将人的心理健康水平分为三个等级。一是心理常态,表现为心情经常愉快,适应能力强,具有调节情绪的能力。二是心理失调,表现为各种适应问题、应激问题、人际关系问题等,属于成长中的发展性问题。按程度可分为轻度、中度和重度。三是心理病态,表现为严重适应失调,部分或完全丧失正常的生活、工作和学习的能力,若不及时治疗就可能恶化成为精神病患者。

在界定心理健康时应遵循以下三条基本原则。第一,心理活动与外部环境同一性的原则。第二,心理过程具有完整性和协调性的原则。第三,个性心理特征具有相对稳定性的原则。

在具体判断心理是否健康时常采用的方式方法如下。

(1)生活经验标准。即根据日常生活经验,如是否出现离奇古怪的言谈、思想和行为,是否有过度的情绪体验和表现,自身社会功能是否完整,是否影响他人的正常生活等来做判断。判断者凭借自己的经验对当事人的心理健康进行判定,经验更强调其个别差异。

(2)统计学标准。这是采用心理测量的方法,通过对大量正常心理特征的测量取得一个常模,把测量者的结果与常模进行比较,分析是否偏离常模,接近平均值的为正常,偏离平均值的为异常。这种量化的方法让心理健康的评判简单易行,但有时显得过于机械、死板。

(3)社会规范。它是把当下社会通行的社会规范作为标准,一个人的行为符合社会规范的就是健康的、正常的;反之,就是不健康的、异常的。这种方法主要是强调个体行为的社会意义与个体的社会适应程度,自然会受时间、国家、民族、地域、各地风俗习惯及其文化差异的影响。

(4)心理疾病的症状。它是根据医学临床诊断中对患者出现的症状进行研究、归类,出现心理疾病症状的为不健康。医学界人士比较支持这一方法,一般比较客观,也比较准确,但运用的范围相对较窄。

(5)社会适应。以社会中大多数人的常态为参照标准,能够积极主动适应社会的为心理健康,否则就是不健康。这种方法存在一定的缺陷,因为社会适应能力的大小往往受到个体社会实践和自我教育的影响。

(6)个体心理感受。个体自我感觉良好的为健康,如果感到身体、情绪痛苦就为不健康。这有一定道理,不过要注意并不是自我感觉良好的就是健康的,如有的心理不健康者非但不痛苦,反而自得其乐。

其他还有心理成熟水平、心理测量等判断方法。任何一种方式方法都是相对的,所以在使用时要注意综合考虑各种因素,且要慎重,尤其是大学生群体,应采用发展的健康观,从背景和整体上加以考虑。

大学生年龄一般介于18~22岁之间,从心理学视角看,正处在青春期的中后期。大学生心理具有青春期中后期的许多特点,但作为一个特殊群体,大学生又不能完全等同于社会上的青年。综合国内外学者关于心理健康标准的阐释,根据我国大学生的实际情况,可从以下几个方面对我国大学生的心理健康标准给予界定。

(1)智力正常。一般来说,能够顺利通过高考的选拔进入大学学习,表明大学生的智商是正常的,且总体水平会高于同龄人。

(2)情绪健康。情绪健康的主要标志是情绪稳定和心情愉快,是大学生心理健康的重要指标。

(3)意志健全。意志健全的大学生在各种活动中都有自觉的目的性,能适时地做出决定并运用切实有效的方法解决所遇到的各种问题。

(4)人格完整。大学生人格完整的主要标准:人格结构的各要素完整统一;具有正确的自我意识,不产生自我同一性混乱;以积极进取的人生观作为人格的核心,并以此为中心把自己的需要、愿望、目标和行为统一起来。

(5)自我评价正确。正确的自我评价是大学生心理健康的重要条件。一个心理健康的学生对自己的认识,应比较接近现实,有“自知之明”。

(6)人际关系和谐。心理健康的大学生往往能够主动与人交往,善于与人相处,不仅能接受自我,还能悦纳他人。

(7)适应能力强。较强的适应能力是心理健康的重要特征。心理健康的人能够正视现实,接受现实,并能够随着环境的改变去主动适应现实。对不断变化的社会环境是否适应是检验大学生心理健康与否的一个重要环节。

(8)心理行为符合年龄特征。人的不同年龄阶段都有相对应的不同的心理行为表现和心理行为模式,心理健康的人应具有与大多数同龄人相符合的心理行为特征。大学生是处于特定年龄阶段的特殊群体,心理特征应与年龄特征和角色相适应。一个心理健康的大学生应该具有朝气蓬勃、热情洋溢、精力充沛、思维敏捷、勇于探索和创新等心理行为特征。

第二节 高职大学生心理发展的阶段与特点

一、高职大学生心理发展的阶段

一般来说,大学期间大学生的心理发展会经历不同的阶段,并且在不同的阶段有着不同的心理特点。我们将大学生的心理发展分为以下三个阶段,即适应准备阶段、稳定发展阶段、趋于成熟阶段。

(一)适应准备阶段

新生步入大学,从高考成功的喜悦中冷静下来,首先面对的就是从中学生活到大学生活的急剧转折。大学新生对大学生活从不适应到适应的过程,称为适应准备阶段。新生刚步入大学,他们面对的是一种新环境、新生活、新学习、新的群体,从一种相对较为封闭的环境向开放自由的环境转变。这主要表现在以下两大方面。

1.从高中生活向大学生活的急剧转变

从中学到大学的转变,高职大学新生经历了个人与社会环境关系的全方位改变。例如,学习目标多元化,学习内容骤然拓广、加深,学习任务的自我监控等一系列变化;在脱离父母师长监控与服务的情况下要进行自我安排日常生活;交往对象、交往形式及交往目的等方面发生巨变,个体要有效地建立协调的人际关系等。生活环境的变迁、人际关系的变化、学习方式的变更、社会角色的改变等,让大学新生都很不适应。整个身心处于动荡不安之中,原有的生活秩序被打乱了,原有的、习惯化了的心理结构一下被破坏,心理平衡被搅乱。

2. 心理平衡被打破

大学新生原来在中学所形成的习惯化的心理结构被破坏了，由平衡变成不平衡、稳定变成不稳定。他们内心交织着自信与自卑、轻松与紧张、欣喜与压力，在一种陌生和不安之中，逐渐开始新的大学生活。在克服各种不适应的同时，大学新生力图重新建立适应周围环境和学习环境的心理结构，以达到新的心理平衡。

大学新生对大学生活的适应准备阶段是整个大学时代最为困难的时期，如果处理不好，会影响到以后大学期间乃至毕业后的生活。当然，这个阶段持续时间的长短因人而异，与个人的适应能力的强弱有关。

（二）稳定发展阶段

这一阶段是高职大学生活全面深化和发展时期。学习方面，高职大学生在这个阶段已经逐渐学会自己确定学习目标、制订学习计划、安排学习时间、选课、检查学习效果等，并且能主动找导师征询意见，请导师帮助解决困难，定期向导师汇报学习状况，提出自己的计划并与导师共同探讨。随着大学学习时间的增加，不适应逐渐消除，新的心理平衡逐渐建立，新的学习观也在逐步建立、完善，新的学习动机又推动着新的学习。入学时的不适应已基本消除，新的心理平衡已初步建立起来，各方面的关系已趋于熟悉、稳定，开始实施新的生活秩序。

这一阶段是大学生活最主要、最持久的阶段，将一直延续到大学毕业前夕。大学生极强的可塑性在这一阶段得到充分展示，每个人都按自身独特的方式塑造着自己。

（三）趋于成熟阶段

这个阶段是高职大学生从学生生活向职业生活过渡的阶段。接近毕业的高职大学生感到许多知识没有学到，许多方法没有掌握，许多事情没有做完，感到时间不够，事情紧迫。由于这时大多数高职大学生思想认识水平提高,对国家大事更为关心,所以社会责任感明显增强,有些学生立志将来走上社会,一定要用自己所学的专业知识和技能实现自己的社会价值。高职大学毕业生由于工作分配及择业事关自己的切身利益,加之在择业过程中自己往往处于被选择的地位,因而内心的忧虑感十分强烈。忧虑自己到新的工作单位能否发挥才能,专业是否对口以及恋爱对象和家庭能否得到照顾等。

面对诸多问题,如毕业后的去向,做毕业设计,有的还要处理与恋人的关系等,每个高职大学生的心理负担都会无形增加,心理冲突不断。这个阶段往往是对高职大学生各方面素质进行综合考验的阶段,同时又是进一步促进高职大学生心理成熟的阶段。

从高职大学生的心理发展特点和不同发展阶段可以看出,其心理发展正在迅速走向成熟,而又未达到真正的成熟;既存在积极面,又存在消极面。因而大学生心理发展过程中的矛盾和冲突是在所难免的。解决好矛盾和冲突,大学生的心理才进一步成熟起来。

二、高职大学生心理发展的特点

人的成熟发展必须具备三个基本条件:一是身体的发育成熟,以个体生理成熟特别是性成熟为标志;二是心理发展成熟,以个性的成熟稳重(主要是自我意识的完善)为标志;三是社会化程度提高,以个体对自己在社会中所处角色以及所担负的社会责任的正确认识为标志。这三个条件达到成熟水平,则形成完整的人格。在这里,生理的发展和心理的成熟是人的社会化的基础,同人生的发展有着十分密切的关系。生理发展是心理发展的物质基础。大学生的生理发展正处于迅速走向成熟的时期。从生理发展看,大学生已经历了第二次快速生长期,并到了成长稳定期,骨化逐渐完成,身体形态日渐定型,各器官各系统的机能日益完善成熟。因此,大学生的生理发展不仅为学习和独立生活提供了必要的生理前提,而且直接影响心理的发展,使大学生成人感增强。

广义的心理发展包含了心理的种系发展、心理的种族发展和个体的心理发展;狭义的心理发展仅仅指个体的心理发展。这里主要是指狭义的心理发展。大学生心理发展特点具体表现在以下几个方面。

(1)智力发展上,处于黄金时期,差不多达到巅峰状态。大学生经过中小学十几年的学习训练,到大学阶段,各项智力因素均达到相当高的水平。

(2)需要复杂,情感丰富而不稳定。需要是情绪与情感产生的基础。大学生的心理需要是复杂多样的,既有衣食住行等基本生活的需要,又有迫切的交往需要和成就需要,渴望理解和尊重,寻求友谊和爱情的需要等。此外,他们还有自我实现和求真、求善、求美的高层次需要。复杂强烈的需要使大学生的情绪与情感体验丰富、深刻而又不稳定:渴望友情爱情而又羞怯逃避;兴奋性高又具有冲动性;波动性大,具明显的两极性;情绪反应渐趋成熟,表达方式渐趋内隐;易感性强,具较强的渲染性等。

(3)自我意识的发展,处于矛盾、分化、再统一和转化的阶段。自我意识是指个体对自己的各种身心状态的认识、体验和愿望,以及对自己与周围环境关系的认识、体验和愿望。它是个体发展到一定阶段的产物,是人类特有的标志。生活环境变化,脱离父母的呵护,高职大学生开始了独立生活,因而成人感、独立感骤然增强,自我意识进一步发展。他们把更多的目光从外部世界转向自己的内心世界,致力于自我认识、自我体验、自我评价、自我监督和自我约束,迫切地想知道:“我究竟是个什么样的人?”“我有哪些优缺点?”“我应向什么方向发展?”在观察和评价自己时,时而体验到激动和喜悦,时而体验到不安和焦虑。当然,高职大学生对周围人的分析和评价也十分敏感,注重塑造自身形象,并设计出理想中的自我模式。正确、客观地了解自己不是一件容易的事情,虽然我们可以接触到自己最隐蔽的思想情感,但是也可能会用有利于自己、自我夸大的信息去认识自己,并拒绝承认内心存在的某些真实的观点和欲望,因而往往不能正确、客观地了解自己。这表明大学生自我意识还没有达到最终的完善与统一。

(4)意志品质上,已达到较高的水平但不稳定。意志品质在人们身上的表现往往是各不相同的,有的人意志的各种品质均衡发展,其程度都比较强;而有的人只是某种意志品质发展较为突出,其他品质较为一般或较弱。例如,有的人比较果断但坚韧性不足,有的人自制性强但果断性差等。对高职大学生意志品质自我评价及意志行为进行深入分析,我们可以发现其意志品质发展的一些特点。随着自我意识的增强,高职大学生行动的目的性、自觉性和自我控制能力都有了明显的提高。但是,就不同个体来分析,大学生的意志品质的发展仍有不稳定、不平衡的特点。在同一时期,对待同一事件,其意志品质的水平差异仍较大。有的大学生发展得较好,表现出很强的意志力,有的大学生则较弱。就同一个体来分析,其意志品质的诸方面也存在差异,在克服学习困难、克服自身不良嗜好和疾病时意志水平表现较高,但在情绪控制和抗挫折问题上又显得意志薄弱。此外,如果意志行动的动机明确、目标具体、方案可行及心情愉快时,意志水平表现较高;反之,就容易导致意志力的不足。

高职大学生能自觉地为自己提出行动目的,制订学习和生活计划,并去贯彻落实。但也有少数学生行为的自觉性较低,或是学习目的不明确,或是迫于外界压力(家长的期望、考试、学籍管理规定等)而随大流,学习上消极应付,能拖则拖,迫不得已时则敷衍了事。

由于高职大学生心理发展迅速但又未臻成熟,不少人表现为能独立迅速地对学习、生活、工作中一般性问题做出果断决定并付诸实施,但在关键性的重大决策(如择业)前,又优柔寡断或武断草率。他们面对多种动机斗争时,能分清轻重缓急,排除干扰,保证预定目的实现。但是,他们阅历有限、青春期情绪变化急剧强烈,行为易受情绪和阅历的影响。

有的高职大学生坚韧性表现突出,在克服和战胜日常学习和生活困难的过程中,都表现出坚定的信心和顽强的毅力;有的学生缺乏持之以恒的韧性,一遇困难就心灰意冷、见异思迁;多数学生认为自己已具备了一定的坚韧性,并在不断地增强。

从上述对大学生意志品质特点的分析可以看出,高职大学生意志品质的各个方面,既有积极、健康的成分,也有消极、不健康的成分,这表明了他们意志过程的发展既趋向成熟又尚未完全成熟的基本特征。

(5)社会化发展上,总体表现为社会化不足或过度。我们常把大学当作大学生从学校走向社会的过渡桥梁。个体的成长,从某种意义来讲,实际上就是个体社会化的过程。社会化过程是个体在与环境、社会、人群接触与互动过程中不断学习和被教化,逐渐形成社会所认同和接受的行为方式与道德规范的社会个性,使自己成为合格的社会成员。由于高职大学生特殊的成长历程,从中学到大学,尽管完成了初步的社会化过程,进入高级社会化的年龄阶段,但是与社会上同龄人相比,仍呈现出社会化不足或过度状态。表现为心理年龄比生理年龄迟滞,在为人处事上显得片面、紧张和不成熟,以及困惑、迷惘和不知所措,不能很好很快地适应生活的变化等。

(6)内心矛盾冲突多样。由于大学生的心理发展尚未成熟,自我调节和自我控制能力还不强,加上难以适应环境变化,因此在处理学习、工作、社交、友谊、爱情以及个人与集体的关系等复杂问题时,常常出现内心矛盾冲突,造成心理发展失衡。第一,新鲜感与恋旧感的矛盾。第二,独立感与依赖感的矛盾。告别了中学时代,摆脱了父母的监督和教师的约束,进入了自由和开放的环境,大学新生的独立意识增强,但由于缺乏社会经验,长期形成的依赖感难以摆脱,面对复杂的环境,常常心中无数、不知所措。第三,强烈交往需要与孤独感的矛盾。在陌生的环境中寻找良师益友,被人理解和接纳,是大多数新生强烈的需要。但是,也有不少大学生不同程度地表现出“自我封闭”的倾向,长期发展的结果就是感到孤独寂寞,缺少朋友。第四,理想我与现实我的矛盾。理想我是将来要实现的我,是现实我的努力方向;现实我是生活中实实在在的我,两者是不同的。当两种形象混淆起来时,就会产生矛盾。高职大学生有较高的文化层次,成长过程比较顺利,更富有理想。然而,进入大学后,他们发现现实生活中的自我和想象中的自我存在较大差距,由此会产生苦闷、抑郁等消极的自我体验。

处于转变阶段的高职大学生出现以上心理矛盾是过渡时期出现的正常现象,这些矛盾是高职大学生进一步发展的基础。当对高职大学生活抱有的不切实际的幻想消失了,他们才能正视现实,勇于探索调整情绪。高职大学生是在解决矛盾、冲突的过程中逐步走向成熟的。

第三节　高职大学生心理健康的影响因素

人的心理健康是一个相对的、动态的过程,极为复杂,而大学生正处于青春期的发育阶段,各方面发展不太稳定,心理还不完全成熟。影响高职大学生心理健康的因素也较复杂多样,既有个体生理、心理等内在因素,又有家庭、学校、社会等外在因素。

一、内在因素

(一)生物因素

1. 遗传

一般来说,人的心理活动是不遗传的,主要是在后天的社会环境影响下和在社会实践活动过程中形成和发展起来的。但是一个人作为整体(包括身、心两方面),尤其是一个人的体形、气质、能力、性格和神经系统的活动特点的某些成分,受到遗传因素的明显影响。大学生的身上,可以看到其父母的影子,他们有着很多的相似之处。国内外大量的资料表明,大学生的许多心理健康问题,多与遗传相关。以轻微脑功能失调(MBD)为例,“国内资料报道 MBD 儿童家庭成员中有 MBD 病史的占 13.6%;在国外,坎特维尔(1972 年)应用 MBD 诊断标准衡量了 50 例 MBD 儿童患者家属,发现其亲属在幼年时具有多动症表现的比例较高,其中父亲占 16%,母亲占 4%,兄弟占 20%,姐妹占 8%,叔伯舅父占 10%,堂表兄弟占 12%。总体来讲,男性亲属占 12%,女性为 6.3%”[①]。上述研究结果充分说明了心理健康问题的家族性倾向,也说明了遗传因素对大学生心理健康的影响。此外,母亲妊娠时的营养不良、生病、服药或产伤等因素而导致的神经系统脆弱都会使新生儿极易产生紧张反应,新生儿对于精神创伤及疾病的感染免疫力是很低的。

2.生理

生理也是影响心理健康的因素之一。女生在月经期前后容易出现情绪低落,身材矮小的学生容易产生自卑等。脑心理活动赖以产生的物质基础,影响人的认识过程、情意过程和个性心理特征等,如种种原因造成的脑震荡、脑挫伤等脑外伤,可能导致意识障碍、遗忘症、言语障碍、人格改变等。其他躯体疾病或生理机能障碍也会影响大学生的心理健康,如患有内分泌机能障碍,尤其是甲状腺功能不足会引发智力迟钝、记忆衰退、语言迟缓、情绪淡薄等功能障碍。

3.病毒感染或化学中毒

由病菌、病毒(如脑梅毒、斑疹伤寒、流行性脑炎)等引起的中

① 于晓东,李钟香,陈东.高等学校体育教程(基础篇)[M].南京:南京大学出版社,2013:111.

枢神经系统的传染病会损害人的神经组织结构,导致器质性心理障碍或精神失常。而有害化学物质侵入人体,毒害中枢神经系统,如食物中毒、煤气中毒、酒精中毒、药物中毒等,可能导致心理障碍或精神失常。某些严重的躯体疾病,如甲状腺机能紊乱可能出现心理异常的表现及智力、性格的发展异常。

(二)个体

1.心理状态因素

一个人的心理状态一旦成型,就会影响其以后的心理发展和变化。心理状态因素包括认知因素和情绪因素等。

(1)认知因素。高职大学生对理想和对未来充满憧憬,可是,在现实生活中,他们对自己学习、工作的目标和自己周围人际关系的要求过高,不考虑客观条件的限制,希望自己做的一切都是顺利的,一旦出现某种挫折,他们就十分失望。

(2)情绪因素。大学生情绪起伏过大,左右不定,缺乏对事物的客观判断。强烈的情感需求与内心的闭锁,情绪激荡而缺乏冷静的思考,使他们极易走向极端,常常体验着人生各种苦恼,由此产生内心矛盾冲突而诱发各种心理障碍。

2.个性

个性是个体在与环境相互作用过程中所表现出来的独特的行为模式、思维方式和情绪反应。个性因素是心理活动因素的核心,它对一个人的心理健康影响最大。如果个体能与社会环境相适应,就是正常的。反之,如果个体的言行举止、情绪反应、态度、信仰体系和道德价值特征等都与周围环境格格不入,人际关系紧张,则可能出现障碍。例如,同样面对一种生活挫折,对不同个性的人,其影响程度完全不同。有的人可能无法承受,或消极应付,从此自暴自弃;有的人则可能接受现实,正视挫折,加倍努力,奋发图强,知难而进。

3. 个人经历

个人经历,尤其是早期个人经历会对大学生的心理健康造成一定的影响。按照弗洛伊德的观点,一个人在不同的心理发展(口腔期、肛门期、性器期、潜伏期、生殖期)阶段,都有相应的性本能的满足,一旦不能满足就会出现这样或那样的心理问题。同时,过去曾受到某一件事(如升学、考试、患病、亲人亡故等)的深刻影响,这种影响产生的伤害,虽然个体潜抑了它,把它埋进无意识里去,可它仍残留在内心深处,于无意识间影响着个体的心理。

二、外在因素

(一)家庭

家庭因素对人的心理健康影响很大,尤其是儿童期。在单调而贫乏的环境中成长的儿童,心理发展受到阻碍,其潜能的发挥也受到抑制。家庭关系不良、家庭成员残缺或变异,家庭教育方式不当,还有家庭经济极端贫困、变迁及意外事件发生等,都容易导致高职大学生出现心理问题或心理异常。

现在的大学生大多为独生子女,家长"望子成龙、望女成凤"的心愿使他们承受了较大的来自家庭的学习生活和成长成才压力。即使不是独生子女,一个家庭也只有两三个孩子,父母及其他长辈们的过度溺爱,常使一些孩子变得任性、自私,过度以自我为中心,缺乏合作精神,这也易导致心理疾病的产生。

(二)学校

学校是大学生生活的重要环境,主要包括学校教育条件、学习条件、生活条件,以及师生关系、生生关系等。大学生的大部分时间是在学校中度过的,学校是学生学习、生活的主要场所,所以学校生活对学生的心理健康影响极大。

多年来,我国学校往往忽视了对学生心理素质的训练,使得培养的学生个性心理发展不足、意志品质脆弱。现在很多学校都开设了心理咨询室,在一定程度上缓解了此类问题。

(三)社会

政治、经济、文化、社会关系等是影响大学生心理健康的社会因素。改革开放以来,随着市场经济体制的确立,竞争机制的导入,人们的生活方式、价值观念发生了重大变化,心理活动较之以前更复杂。面对不同的文化背景和多种价值选择,高职大学生常常会感到茫然、疑虑、混乱。

随着电视机的普及、广播电视节目播放时间的延长、报纸杂志的增多、信息高速公路的建设、互联网的普遍应用,大众传播媒介对人们的心理健康影响越来越大。高职大学生一般求知欲强但辨别力弱,崇尚科学但缺乏辩证思维。当前一些格调低下的杂志作品及观念错误的书籍报纸泛滥,对高职大学生的思想及行为带来了消极的影响,阻碍了他们的健康成长。

总之,上述各种因素既相互独立,又相互制约,共同对大学生的心理健康产生影响。

第四节　高职大学生的心理健康教育

一、高职大学生心理健康教育的含义

高职大学生心理健康教育就是教育者以高职大学生的身心发展特点为依据,借助心理学等学科的相关知识,对高职大学生进行心理健康方面的教育与训练,以促使高职大学生的心理素质不断得到提高。

二、高职大学生心理健康教育的意义

开展高职大学生心理健康教育,不仅对高职大学生身心的健康发展具有重要的促进作用,而且能提高高职院校的素质教育水平,促进我国社会主义精神文明建设的顺利进行。具体来说,高职大学生心理健康教育的意义主要体现在以下几个方面。

(一)能够推进高职院校素质教育的顺利开展

高职院校承担着为我国社会主义现代化建设培养高素质、高技能应用型人才的使命,因此高职院校在开展素质教育的过程中要注意提高高职大学生的思想道德素质、科学文化素质、身体素质和心理素质。从这一角度来说,高职大学生心理健康教育的开展是高职院校全面推进实施素质教育的一项重要内容。

(二)能够帮助高职大学生形成健康的心理

高职大学生心理健康教育的一个重要目标,就是促进和维护高职大学生的心理健康。高职大学生积极参与心理健康教育活动,能够了解自身心理发展变化的规律和特点,掌握系统的心理学和心理健康知识,学会心理保健的方法,并能借助这些知识和方法对自身的心理健康状况进行衡量与调节。如若发现心理健康问题,高职大学生便可以及时依据所掌握的心理健康知识予以解决,继而成为心态平和、情绪稳定、积极进取、思维灵活的心理健康的人。

(三)能够促进高职大学生的成才

高职大学生的生理发展与心理发展存在不同步的情况,而且当前高职大学生面临的环境日益复杂,学习、就业、竞争、情感、经济、责任等压力越来越大,很容易产生各种各样的心理问题和心理疾病,影响其身心的健康发展,也会制约其对知识与技能的学习、掌握与运用等。

开展高职大学生心理健康教育,可以使高职大学生形成健康的心理,继而经常处于轻松、愉快、乐观的心态下。这种心态可以使高职大学生的自信心提高、记忆力增强、观察力提高、注意力集中,并能使高职大学生充分发挥个人潜能进行高效率的学习,实现智力的充分发展。如此一来,高职大学生的未来成才便获得了有效的智力支持。从这一角度来说,高职大学生心理健康教育能够促进高职大学生的成才。

(四)能够促使高职大学生养成良好的品德

大学时期是一个人世界观、人生观、价值观形成的关键时期。高职大学生在成长过程中,现实生活会有许多地方与其认识、价值观念、情感态度、行为方式、利益要求相冲突,继而导致其产生困扰和冲突,形成一些不良的心理问题。而这些心理问题又往往同高职大学生的世界观、人生观、价值观交织在一起。因此,高职大学生的心理问题既是其世界观、人生观、价值观问题在心理方面的反映,又是政治思想道德的反映。对高职大学生开展心理健康教育,可以从高职大学生的具体心理需要入手,引导高职大学生形成良好的品德,包括热爱集体、公正无私、正义感、同情心等。

三、高职大学生心理健康教育的内容

高职大学生心理健康教育的内容直接会影响到高职大学生心理的健康与发展,因此构建系统、合理的高职大学生心理健康教育的内容体系是十分重要的。就当前来说,高职大学生心理健康教育必须包括以下几方面的内容。

(一)矫治异常心理

高职大学生出现的心理问题不论是轻度的还是极为严重的,都需要得到矫治,以恢复正常。因此,高职大学生心理健康教育必须包括对异常心理的矫治,以确保存在心理问题的高职大学生都能得到帮助,恢复正常心理。只有这样,高职大学生才有可能获得进一步发展。

(二)调节心理冲突

不论是存在心理问题的高职大学生,还是心理健康的高职大学生,其成长与发展过程中都不可避免地会发生心理冲突,对其心理的健康发展产生一定的影响。因此,高职大学生心理健康教育必须包括心理冲突调节的相关内容,使高职大学生学会运用心理学的相关知识与技能来调节已发生的心理冲突,使之限于不致破坏常态的范围内。

(三)解决心理困惑

高职大学生经常会对某些事物难以认识、难以抉择、难以割舍,由此产生心理困惑,而这些心理困惑的存在又会导致高职大学生产生较大的心理压力,影响其身心的健康发展。因此,高职大学生心理健康教育必须包括解决心理困惑的内容,以免高职大学生因心理困惑无法得到解决而产生异常心理。

(四)预防心理疾病

高职大学生心理健康教育不仅包括解决高职大学生已发生的心理问题和心理障碍,而且包括预防高职大学生心理问题和心理障碍的发生。因此,高职大学生心理健康教育必须包括预防心理疾病发生的相关内容。比如,通过高职大学生心理教育构建高职大学生科学合理的价值体系,促使高职大学生形成健康、乐观、豁达、积极向上的人生态度和良好心态,提高心理耐受力和控制力。如此一来,便能有效预防高职大学生心理疾病的发生。

(五)发展高职大学生更大的心理效能

研究表明,人的心理效能有潜在和现实之分,人的能力也有潜在和现实之分。也有研究报告称,目前人类对大脑能力的开发还不足一半。开发人身体的潜在能力,虽然不是心理学家的任务,但是开发脑功能的主要任务,应由心理学者完成。高职大学生心理健康教育应以担当此任而自豪,通过心理教育、心理督导、心理训练以及心理咨询等途径,更大限度地激发高职大学生的心理潜能,发展高职大学生更大的心理效能。

四、高职大学生心理健康教育的原则

根据高职大学生的心理发展特点以及心理学的相关理论,在开展高职大学生心理健康教育时需要遵循以下几个原则。

(一)主体性原则

主体性原则指的是高职院校在开展心理健康教育时,要充分尊重高职大学生的主体地位,这具体表现在以下几个方面。

第一,在开展高职大学生心理健康教育时,教育者要充分尊重高职大学生的权益,保守高职大学生的隐私,切不可利用高职大学生的隐私来牟取个人利益。

第二,在开展高职大学生心理健康教育时,教育者要注意用自己的情绪情感去感染学生,并要一视同仁地对待每一个学生,关心他们的心理状态,帮助他们缓解心理紧张,引导他们自由地、尽情地表达其矛盾的心理和压抑的情感。

第三,在开展高职大学生心理健康教育时,教育者要具备“换位思考”的思想,能够设身处地为学生的处境和心理着想,真正深入学生的内心,了解他们的心理状况。

第四,在开展高职大学生心理健康教育时,教育者要引导高职大学生积极参与到教育活动之中,并要与他们形成相互信任、理解、尊重与合作的师生关系。

(二)整体性原则

高职大学生心理健康教育的整体性原则,包括以下几方面的内容。

第一,高职大学生心理健康教育的对象必须是所有的高职大学生,而不是存在心理困惑、心理问题或心理障碍的那部分高职大学生。因此,高职大学生心理健康教育的设计、组织与实施等都要着眼于全体高职大学生的发展,并切实使所有高职大学生的心理素质都能得到有效提升。

第二,高职大学生心理健康教育的开展过程中,教育者要运用系统论的观点指导教育工作,注意全体高职大学生活动的有机联系和整体性,对高职大学生的心理问题进行全面的考察和系统的分析,防止和克服教育工作中的片面性。

第三,高职大学生心理健康教育的开展过程中,全校教职员工都必须参与其中,以使心理健康教育取得良好的成果。

(三)针对性原则

针对性原则指的是高职大学生心理健康教育要切实关注和重视高职大学生在生理、心理等方面存在的个别差异,以不同高职大学生的实际需要为依据,开展有较强针对性的心理健康教育活动,以确保所有高职大学生的心理素质都能得到有效提高。

高职大学生心理健康教育要有效贯彻针对性原则,以下几个方面要特别予以注意。

第一,要切实了解高职大学生的个别差异,包括年龄差异、性别差异、学习差异、思想差异和心理差异等。

第二,要针对不同高职大学生及其不同的心理问题、心理疾病,采取不同的方法、手段和技术。

第三,要认真做好个案研究,积累资料,总结提炼,增强个别教育的实效。

(四)经常性原则

健康心理的养成并不是一蹴而就的,而是要经历一个长期的过程。因此,在开展高职大学生心理健康教育时,不能指望上几次课、搞几次活动就让高职大学生的整体心理素质得到有效提升。这就表明,高职大学生心理健康教育要经常性地开展,并要超越课堂的范围,进入高职大学生的生活。

(五)客观性原则

高职大学生心理健康教育的客观性原则,包括以下几方面的内容。

第一,高职大学生心理健康教育要依据客观现实,不添油加醋,不夸大缩小,不歪曲事实,不向高职大学生强加任何的主观猜测。

第二,高职大学生心理健康教育要切实在遵循高职大学生身心发展的特点和规律的基础上进行。

第三,高职大学生心理健康教育要注意坚持正确的观点,不可随便附和他人的观点和思想情感,以免对高职大学生的心理发展造成不良影响。

五、高职大学生心理健康教育的途径

高职大学生心理健康教育的开展,可以借助以下几个有效的途径。

(一)开设心理健康课程

心理健康课程是高职大学生心理健康教育的主要阵地、主要渠道,也是高职大学生心理健康教育的主要载体。因此,必须将高职大学生心理健康教育纳入课堂教学体系,有针对性地开设心理健康教育必修课、选修课,使所有的高职大学生都可以获得系统科学的心理科学基础知识和心理健康知识,可以较全面了解常见的心理问题产生的主要原因及其表现,学会一些心理调适和心理问题的解决方法。如此一来,高职大学生的整体心理素质便能不断得到有效提升。

(二)开展多样化的心理健康教育活动

应积极开展多样化的心理健康教育活动,大力宣传心理健康知识。比如,高职院校可以通过心理健康知识展板宣传、播放心理健康教育影片、心理知识讲座、心理征文、心理情景剧比赛、心理健康知识材料发放及现场咨询等活动,广泛宣传、普及心理健康知识,培养高职大学生正确的健康观,促进高职大学生心理健康水平的不断提高。

(三)在开展心理普查的基础上建立高职大学生心理档案

高职院校可以通过问卷、心理测试等科学方法,对高职大学生的个性状况、智力水平、心理健康水平等进行充分的了解,并明确高职大学生是否存在心理问题以及存在何种心理问题、心理问题存在的历史与现状等。对于这些调查的结果,高职院校必须以书面的形式予以记录,形成高职大学生心理档案,以便及时掌握高职大学生的心理健康状况,提高高职大学生心理健康教育的针对性。

(四)积极开展心理健康咨询活动

目前,很多高职院校都建立了心理咨询中心或心理咨询的服务机构,建立了一批专兼职心理辅导的师资队伍,科学、规范、高效地在专业层面帮助高职大学生解决各种各样不同程度的心理问题。但是,高职院校建立的心理咨询中心或心理咨询的服务机构,从总体上来说师资队伍还比较薄弱,而且存在泄露高职大学生心理隐私的问题。因此,今后高职院校要进一步完善心理咨询中心或心理咨询的服务机构,建立一支专兼结合、相对稳定的心理健康教育工作队伍,积极开展心理咨询活动,切实维护高职大学生的心理隐私,帮助高职大学生有效解决自身遇到的心理健康问题。

(五)建立高职大学生心理健康保健网络

建立高职大学生心理健康保健网络时,需要做好下列工作。

第一,要充分发挥班级学生干部、学生党团员的骨干作用,关心同学,加强思想和感情上的联系与沟通。一旦有异常情况发生,能够做到及时发现,及时向班主任、辅导员报告,预防出现伤害事故。

第二,主管学生工作的分院书记、辅导员、班主任要以高职大学生发展为工作之本,自觉主动地学习心理健康知识,了解学校危机干预流程。要爱护学生、关注学生的健康成长,深入学生,及时了解学生的学习、生活、思想及心理状况,熟悉学生常见的心理问题,及时发现学生的异常问题,及时汇报分院,配合分院进行危机干预,并协助分院做好家长的工作。同时,创造条件对班主任、辅导员进行心理健康培训。

第三,高职院校的心理健康教育机构要切实对学生实施心理健康教育,帮助有心理问题的学生建立学生心理档案,根据高职大学生实际的心理健康状况,有计划、有针对性地提出可行的教育与预防措施,帮助高职大学生提高自身的心理素质。

第二章　拥抱现实:高职大学生的适应心理问题探析

进入大学对于个体来说,是其在青春期的一个重要转折,它标志着个体逐步从依赖走向独立,并最终进入成人社会。但是,个体在进入大学后,面对陌生的环境,很容易出现适应心理问题,影响日后的学业以及身心的健康发展。因此,必须重视大学生的适应心理问题,并及时采取有效的措施来解决这一问题。本章将以高职大学生为主体,对其适应心理问题进行详细探析。

第一节　适应的内涵

人生活在纷繁复杂、变化多端的大千世界中,一生中会历经多种环境及变化。每一个人要想在这多变的世界中生存和发展,就必须具备良好的适应能力。

一、适应的含义

"适应"最早是由英国生物学家达尔文提出的,他在《进化论》中提出了"物竞天择,适者生存"的法则,即生物要改变有机体的构造或功能以促进其种族的生存。这也是我们改变自己、适应社会的原理。不过,人类有效适应环境,并不单指生物性适应,更强调的是社会性适应。因此,达尔文提出了"适应"的概念后,其后的学者不断对这一概念进行了丰富。比如,瑞士儿童心理学家皮亚杰认为,适应是有机体通过同化和顺应两种机制,主动地对环境进行认知,并不断与环境形成一种平衡的过程。同时,皮亚杰进一步指出,有机体与环境之间的平衡不是绝对静止的,某一个水平的平衡会成为另一个水平的平衡运动的开始。如果机体与环境失去平衡,就需要改变行为以重建平衡,即重新适应。我国学者朱智贤认为,“适应是源于生物学的一个词,用来表示能增加有机体生存机会的那些身体上和行为上的改变。心理学中用来表示对环境变化做出的反应”①。事实上,我国学者大都认为,心理学范畴的适应概念要包括三个方面:一是生理适应,即个体的感官对声音、光线、味道等刺激物的适应;二是心理适应,即个体在遭遇挫折后借助心理防御机制来减轻压力,并逐渐恢复到平衡的过程;三是社会适应,即适应社会环境,如为了生存以及获得更好的发展,努力做出与社会要求相符合的行为等。

对学者们关于“适应”的概念进行深入分析,可以发现其包含以下几方面的涵义。

第一,适应是主体根据环境变化而做出的一种反应,也就是说,适应是以环境的变化为前提的。

第二,我们生活的环境是不断变化的,因而适应是一个连续不断的过程,

第三,适应是一个重建平衡的动态变化过程,但适应的最终目标并不是建立平衡,而是促进主体自身的不断发展。

第四,适应是一个自我调节的心理过程,在这一过程中,个体的自我意识及其所掌握的适应技巧会产生重要的作用。

第五,适应对个体而言是其基本需要之一,因而个体要想生存并不断发展,必须要具备良好的适应能力。

第六,适应包括环境改变与自我改变两个方面,而且这两个方面的改变是双向的或多向的。

通常来说,人对环境的适应是通过两种途径来实现的:一种

① 黄雪薇.心灵解惑:大学生心理健康教程(第2版)[M].北京:科学出版社,2016:25.

是人自身做出改变,另一种是环境按照人的要求得到改造。从宏观角度看,当前人们有能力借助科学技术和现代管理手段对自然和社会环境进行改造。但是,作为具体的个人来说,其在对环境进行选择与改变时,所具备的条件以及所具有的力量是十分有限的。因此,在很多情况下,个体是无力对环境进行改变的。此时,个体就需要通过调整自己的心理和行为来积极地适应环境。

二、适应的理论观点

关于适应的理论观点,影响较大的主要有以下两个。

(一)熔炉观

适应的熔炉观是由帕克斯和米勒提出的,这一理论将新环境中的文化界定为新文化,将个体原来环境中的文化界定为原文化,并指出这两种文化是一个连续体的两个极端,而每个人总是处于这个连续体上的某个位置,受到新文化的影响越多,原文化对自己的影响也就会越少,最终的结果将会是被新文化完全同化。因此,适应的过程可以理解成个体从这个连续体上的某个位置不断往新文化一端靠近的过程,并最终会被新文化完全同化。

(二)适应的二维模型

适应的熔炉观认为,适应的最终结果便是个体完全被新环境所同化。对于这一观点,很多学者持反对意见,如贝里等人。他们基于对适应的另一种理解,提出了适应的另一种理论,即适应的二维模型。

适应的二维模型认为,适应并不代表个体只能被新文化同化,事实上个体在适应的过程中,可以在原文化以及新文化之间就态度和适应模式进行双向选择。根据选择的具体结果,个体的适应最终可以形成以下几种形式。

第一,同化型,即单纯地对新文化予以重视,对原文化则采取轻视乃至抛弃的态度。

第二,分离型,即高度重视原文化,对新文化则采取轻视和不接纳的态度。

第三,边缘型,即不论是对新文化还是对原文化,都采取轻视的态度,最终的结果便是既不保留原文化也不接纳新文化。

第四,整合型,即同时重视原文化和新文化,在对原文化的特征予以保留的同时,又积极吸收新文化的内容。

可以说,适应的二维模型的提出表明,我们并不用放弃自身原有的一切,适应同样可以建立在保留原文化特征的基础之上。

三、适应的类型

适应依据不同的标准,可以分为不同的类型。比如,以适应的对象为标准,可以将其分为对自然环境的适应和对社会环境的适应;以适应过程中是否有意识参与为依据,可以将其分为有意识适应和无意识适应;以适应的基础为依据,可以将其分为生理适应和心理适应;以适应的表现方式为依据,可以将其分为内部适应和外部适应;以适应的程度为依据,可以将其分为浅层适应和深层适应;以适应过程中主体的态度为依据,可以将其分为主动适应和被动适应;以适应的效果为依据,可以将其分为积极适应和消极适应。这里着重分析一下积极适应和消极适应。

(一)积极适应

积极适应是个体在客观环境中,充分发挥自身的主观能动性,积极主动地调整自己与环境不适应的心理与行为,并尽最大可能改变环境使之适合自己发展的需要。

在任何环境中,都既存在着对个体成长有利的积极因素,也存在着对个体成长不利的消极因素。在积极适应里,主体在对自身的特点以及环境的状况进行正确分析的基础上,利用积极因素找到最适合自己的发展目标和发展途径。积极适应是一种比较高级、主动的适应方式,而且是当前人们积极提倡的一种适应方式。

(二)消极适应

消极适应是人被动地与环境进行消极互动的过程,在这一过程中,个体会对环境中的消极因素表示认同并予以顺应,而对自身的积极因素则会进行压制。很明显,这是与人的心理发展方向相违背的,因而其最终结果只能是人被环境改造了,而人对于环境的能动作用未能得到充分发挥。

通常来说,个体在挫折的环境下,很容易采取消极适应的方式,以求得一时的内心平衡。而且,这样的适应方式以牺牲个体心理机能和品质的发展为代价,不利于个体的进一步发展。不过,我们并不能因此完全否认这种适应方式,因为在某些特殊情况下,这种适应方式可确保个体的生存,而个体只有生存了,才能进一步谈发展。

四、适应的阶段

适应的过程因人而异,但通常而言,其可以细分为以下几个阶段。

(一)蜜月阶段

适应的蜜月阶段,通常指的是个体刚刚进入新环境的初期阶段。在这一阶段,个体很容易被新环境中各种新奇的、怪异的事物所吸引,并会对新环境的文化表现出十分陶醉甚至狂热的态度。因此在这一阶段,个体很少会遇到适应问题。即使个体在这一阶段遇到了适应问题,也很容易得到解决,因而由适应而导致的各种压力相对偏低。

(二)危机阶段

个体在新环境中经过短暂的蜜月阶段后,便会进入适应的危机阶段。在这一阶段，个体会体验到极大的适应压力，主要表现为极大的焦虑感、挫折感、自卑等。可以说，适应过程中的主要问题会在危机阶段得到集中表现。

（三）恢复阶段

在经过了适应的危机阶段后，绝大部分个体会顺利地进入适应的恢复阶段。在这一阶段，个体会日益重视新环境中各类问题，并开始对这些问题进行解决，即通过对自身心态、情绪、行为等的主动调整，使自己更好地适应新环境。

（四）适应阶段

个体在适应的恢复阶段，如能顺利解决适应所带来的主要问题，便能够进入适应的最后阶段，即适应阶段。在这一阶段，个体原本因新环境而产生的心理压力以及其他的负性体验都将逐步恢复到正常的水平。如此一来，个体便能再次体验到生活在新环境中的美好，继而对未来的生活充满期待。

五、适应的影响因素

对适应的影响因素进行了解，有助于个体对自身的心理和行为进行更加合理的调节。概括来说，适应的影响因素可具体分为外部影响因素和内部影响因素两个方面。

（一）外部影响因素

适应的外部影响因素，具体来说有以下几个。

1. 生活变化

生活变化是影响个体适应的一个重要外部因素。当个体进入新环境后，生活的变化主要体现在两个方面，即生活环境的改变和生活习惯的改变，如饮食习惯改变、环境气候改变、作息节律改变等。

2.文化差异

个体对新环境进行适应时,新文化与原文化之间的差异也是不容忽视的一个影响因素。而且,新文化与原文化之间的差异越大,个体对新环境的适应就越困难。

3.社会支持

在新环境中,基于原文化所建立起来的社会支持,如家庭、朋友、老同学等在一定程度上都会因为空间距离的延展而难以给个体提供直接的支持。此时,个体要想更好地适应新环境,就必须尽快在新环境中建立起新的社会支持。

此外,进入新环境的时间、新环境中存在的问题等也是影响个体适应的常见外部因素。

(二)内部影响因素

适应的内部影响因素,具体来说最主要的有以下两个。

1.人格

人格是影响个体适应的一个重要内部因素,具体表现在控制点以及外向性两个方面。对新环境的事物越发感到可控的个体适应起来越顺利,相反,认为新环境的事物处处不可控的人可能会在适应中体验到更多的不适。此外,由于外向性高的个体会更主动、积极和新环境中的其他个体进行互动交流,因此在一定程度上相对于外向性低的个体而言更能顺利地适应新环境。

2.个体对新环境的评价情况

个体在进入一个新环境后,通常会对该环境进行一些主观评价,主要是自己在接触新环境前对它的期望与进入该环境后所体验到的实际情况之间的差异。如果个体感觉期望与实际情况之间的差异不大,便能较容易地、较好地适应新环境,反之则会产生适应压力,出现适应不良。

此外,个体的性别、年龄、受教育程度、调节适应压力的策略等,也是影响个体适应的常见内部因素。

六、适应的方式

当环境发生变化时,人们的适应方式主要有两种,即本能的防御机制和习得的应对方式。

(一)本能的防御机制

防御机制指的是"个体在学习、工作、生活等方面面临挫折或冲突的紧张情境时,在其内部心理活动中具有的有意或无意地解脱烦恼,减轻内心不安,以恢复心理平衡与稳定的一种适应性倾向"[①]。

1. 防御机制的意义

防御机制是一种本能的应对方式,在意义方面有积极与消极之分。

(1)防御机制的积极意义

防御机制的积极意义是,当个体遭受困难、陷入困境时,它可以使人暂时忘记痛苦和不安,减轻或免除心理压力,继而使个体的心理恢复平衡,甚至可能激发主体产生一定的主观能动性,积极对困难和挫折进行克服。

(2)防御机制的消极意义

防御机制的消极意义是,可能导致个体因暂时的压力缓解而感到自足,甚至产生恐惧、退缩等心理疾病。

由于防御机制在意义方面有积极与消极之分,因而个体在适

① 肖淑梅,彭彤.高职大学生心理健康[M].北京:机械工业出版社,2016:58.

应过程中运用这一方式时必须把握好度,切不可将其变为一种行为习惯。

2.防御机制的类型

通常来说,防御机制主要有以下几种类型。

(1)逃避机制

这里所说的逃避机制,主要包括以下几方面的内容。

第一,否认。这种防御机制是比较原始且比较简单的,即个体通过对自己在创伤情境下的想法、情感、感觉等进行扭曲来逃避心理上的痛苦,或是个体通过直接“否认”自己所遇到的不愉快事件来求得心理上的暂时安慰。需要注意的是,否认并不是个体有目的地忘记过去,而仅仅是个体期望“否定”自己所遭遇的痛苦事件。“掩耳盗铃”“眼不见为净”等,说的便是这种情况。

第二,压抑。这种防御机制的运用是比较广泛的,即个体在面对自己无法接受的、痛苦的、具有威胁性的经验或冲动时,为避免产生恐惧、焦虑等不良情绪,会无意识地将其排除抑制在潜意识之中。不过,这些潜意识之中的经验或冲动并未消失,而是会通过个体的口误、笔误等表现出来。

第三,退行。这里所说的退行,就是个体在遭遇到挫折时产生的幼稚行为反应,完全不符合个体的年龄。通常来说,个体随着年龄的增加,行为也会日益成熟,处理问题的方法也会越来越成人化。但是在某些特殊情况下,当个体无法用成人的方法来解决问题时,便会采取幼稚的方法,最终获得满足。事实上,个体适度的退行可以使生活增加一些乐趣,但如果总是用这一方式来应对困境、解决问题,个体的发展与成熟便会受到影响。

(2)攻击机制

这里所说的攻击机制,主要包括以下几方面的内容。

第一,转移,即个体对某些对象的情感、欲望或态度因与社会规范不符合而难以表现出来,便会转移到一个安全的、为大家所接受的对象上,从而减轻自己心理上的焦虑、不安等。

第二,投射,即个体将自己具有但又不喜欢或不能接受的性格、观点、态度、欲望等转移到别人身上,当别人表现出来时予以强烈指责或批评。“以小人之心,度君子之腹”,便是投射的典型表现。

(3)自骗机制

这里所说的自骗机制,主要包括以下两方面的内容。

第一,反向,即个体在自己的冲动、欲望等不为自己的意识或社会所接受时,先是将其压抑至潜意识,然后以相反的行为表现出来。比如,某一男生明明喜欢某一女生,但又觉得自己配不上这个女生,于是就会故意在别人面前说这个女生的坏话,甚至会对这个女生说脏话。事实上,这也是男生喜欢女生的行为表现,只不过是反向的。

第二,合理化,即个体用一种自我能接受、超我能宽恕的理由来为难以接受的情感、行为、动机辩护,使其接受,减免焦虑的痛苦,维护自尊,免受伤害。比如,某高职大学生在某一学期的期末考试中出现了挂科现象,但他并不认为是自己不够努力的问题,而认为是自己太倒霉。

(4)代替机制

这里所说的代替机制,实际上就是幻想。个体在现实生活中遇到了困难且难以解决时,便会通过幻想来使自己暂时远离现实,得到内心的平静。不过,幻想并不能解决现实问题,而且个体若是将幻想变为一种行为习惯,很可能会无法区分现实世界与虚拟世界,继而患上妄想症,影响身心的健康发展。

(5)建设机制

这里所说的建设机制,实际上就是升华。个体将一些本能如饥饿、性欲或攻击的内驱力转移到一些自己或社会所接纳的范围时,就是升华。司马迁在受宫刑后仍坚持撰写《史记》的行为,便是将自己的“忧情”进行了升华。

(二)习得的应对方式

在压力情境中,个体为了使自己的压力得以减轻而采取的特定行为模式,便是个体的应对方式。对于个体来说,应对方式主要是在后天形成的。

通常来说,个体的应对方式可以分为三类:一是情绪取向应对,即个体在面对压力时,尽量控制自己的情绪,并积极找出解决问题的方式;二是问题取向应对,即个体直接应对压力源,通过改变自己的认知结构或是外部行为来对问题进行有效解决的方式;三是逃避应对,即个体在面对压力时采取否认、逃避等方式。

第二节 高职大学生常见的适应心理问题

高职大学生具备良好的适应心理,才能勇敢地面对现实、接受现实,并能动地去适应现实,进一步去改造现实。但在实际生活中,不少高职大学生都存在这样或那样的适应心理问题,影响了生活、学习的顺利进行以及身心的健康发展。

一、高职大学生主要的适应心理问题

高职大学生特别是刚刚进入大学校园的新生,一下子跨入了一个完全陌生的天地,面对生活环境、学习环境、人际关系、管理方式等方面的变化,在短期内很容易感到诸多的不适应。具体来说,高职大学生的适应心理问题主要有以下几个。

(一)因生活环境不适应而产生困惑感

高职大学生特别是新生在迈入大学校园后,很容易在生活环境方面感到不适应,并因此产生困惑心理。高职大学生之所以会产生这一适应心理问题,原因有以下几个。

第一,绝大多数高职大学生在上大学前,饮食起居全部由父母包办,这导致他们对父母形成了较强的依赖心理,生活自理能力较差。当他们进入大学后,无法再接受父母的照顾,很容易在

生活上出现不能自理的现象,并由此引发适应心理问题。

第二,一些高职大学生因为每天循环往复于三点一线(宿舍—教室—食堂),面对丰富多彩、目不暇接的校园文化生活会感到无所适从,继而引发适应心理问题。

第三,高职大学生进入大学后,面对理想与现实的期望落差,也很容易产生适应心理问题。绝大多数高职大学生进入大学之前,认为大学都是校园风景如画,教室宽敞明亮,师生团结友爱,处处欢歌笑语,充满诗情画意。但是,当他们真正进入大学校园后发现现实的大学与自己想象中的大学差太多,学习也不是之前预料的那样妙趣横生。在此影响下,不少高职大学生便产生了失望情绪,形成了失落、迷茫心理,进而产生挫折感、失败感,甚至会自暴自弃。

(二)因学习不适应而产生失落感

高职大学生进入大学校园后,也会出现学习不适应的现象,继而学习成绩下滑,产生失落感。通常来说,高职大学生的学习不适应主要表现在以下几个方面。

1.学习目标不适应

学生在高中阶段有着十分明确的学习目标,即在高考中取得好成绩,顺利进入理想的大学。在这一学习目标的指引下,学生们会形成强大的动力支持,即使身心疲惫也会努力坚持,生活紧张而充实。但上了大学后,很多学生没有主动确定新的目标,出现了目标的“真空”状态,不知道自己该朝着哪个方向努力。如此一来,很多学生只能被动地过着简单而重复的生活。长此以往,学生便会产生失落感,并对大学生活感到不适。

2.学习心态不适应

在高中时代,很多高职大学生都是班级乃至学校里的佼佼者,常常受到赞扬,因而在心理上有较大的优越感。这种优越感使他们充满自信与愉悦。但是,当他们进入大学后,会发现周围有很多比自己优秀的同学,自己不再具有过去作为“尖子”的位置和优越感。有些学生难以接受这一现实,便会在情绪上出现明显波动,继而在心理上产生不适应感。

3.学习方法不适应

大学的学习与高中的学习相比,存在较大的差异。在大学阶段,学生的上课时数明显减少,用于自学的时间则大大增加。但是,很多高职大学生特别是新生,不知该如何对自己的课余时间进行科学合理的安排。如此一来,学生便会在学习以及生活各方面产生不适应感。

(三)因人际关系不适应而产生孤独感

高职大学生特别是新生进入大学后,面对全新的环境和陌生的面孔,虽然渴望彼此沟通,相互理解,获得友谊,但彼此陌生,相互间存有戒备,谦让多、嬉闹少,相互间都在对对方进行试探,难以用真心与对方交往。有的高职大学生性格内向不会与人交往,或是在人际交往的经验和技巧方面比较缺乏,导致他们在与他人沟通时困难重重。长此以往,高职大学生便会产生孤独感和压抑感。

由于在大学中无法获得满意的人际关系,一些高职大学生便会开始怀念和留恋起中学的时光,并将情感投向旧时的同学、朋友和老师,频繁地与他们进行交往。如此一来,高职大学生便可能不再关注大学中的班集体,甚至会为了与旧时的同学、朋友等交往而出现旷课外出等情形,继而产生许多心理和行为问题。

(四)因自我认知不恰当而产生危机感

一些高职大学生进入大学后,会因为自己出众的长相、优异的学习成绩、优越的家庭条件、多样化的特长等而沾沾自喜,觉得自己很了不起。很明显,这些高职大学生高估了自己,会导致他们在人际交往中总是自以为是、以自我为中心。如此一来,他们便无法与他人建立良好的人际关系,甚至会被其他同学所孤立,继而在心理和行为方面产生不适应。

也有一些高职大学生因长相平平、成绩不理想、家境贫寒或来自农村和偏僻小镇而变得沮丧,总是低估自己的能力。他们自我评价的降低,会导致他们的自信心不足,从而产生自卑与怀疑情绪。久而久之,就会挫伤自己的进取心、坚韧性和奋发向上的锐气,继而对整个大学阶段的学习和成才产生不利影响。此外,这些对自己有过低评估的高职大学生,在与人交往时也会表现出明显的不自信,继而影响正常交往。

(五)因时间管理不当而产生紧张焦虑感

高职大学生特别是新生刚从高考的压力中解脱出来,不论是在思想上、精神上还是在行为上,都会有不同程度的松懈感,具体表现为放松了对自己的思想要求,不再努力刻苦地进行学习,将更多的时间和精力投入学习之外的其他休闲或娱乐性活动,拼命地玩或干脆浑浑噩噩地消磨时光。他们在不知不觉中失去了奋斗的目标和前进的动力,不知道如何安排大量的自主时间,开始沉湎于游戏、上网等。而当考试来临时,他们便会发现自己什么都没学,什么都不会,随之便会出现明显的紧张、焦虑等,影响其身心的健康发展。

二、高职大学生主要适应心理问题产生的原因

导致高职大学生产生适应心理问题的原因,具体来说有以下几个。

(一)社会原因

导致高职大学生产生适应心理问题的社会原因,具体来说有以下几个。

1.传统教育的弊端

我国积极进行教育改革,推行素质教育。但当前,我国的教育还是以传统教育即应试教育为主。学生从入学开始,就是以分数来衡量自己在家长、老师、班级中的位置的。这样的思想从学前开始一直伴随着学生进入大学校园。事实上,高职教育更注重学生各种能力的培养,不仅培养学生的学习能力,还注重学生的交往能力、领导能力、组织能力等的培养。对于这种注重方向的突然转变,很多学生一时难以适应,也容易引起学生心理上的障碍。

2.文化的冲突

随着改革开放以及全球化发展的不断深入,我国与西方国家的接触、交往也日益频繁。在此影响下,高职大学生开始接触到西方文化,而且西方文化中那些尊重个体,强调科学、崇尚理性的精神,强烈地冲击着中国传统文化中轻科学、轻个人的价值观念,也吸引着现代化过程中的高职大学生。同时,中国传统文化中重整体、重和谐、重伦理的智慧与精神,也在现代文化的发展过程中被忽略。在扬弃中国传统文化与西方文化、推进现代文化发展的过程中,许多高职大学生出现了文化心理的混乱和失衡,继而影响了其顺利地适应大学生活。

3.激烈的社会竞争

高职大学生能够进入大学校门,是一系列竞争的结果。可以说,正是因为竞争的存在,高职大学生才能在高考中脱颖而出,继而进入大学。但是,竞争的长期存在也会使高职大学生产生很大的压力,影响其对大学环境的顺利适应,继而影响其身心的健康发展。

4.过高的社会期望值

国家和社会通常会赋予大学生过高的期望,家庭也会对进入大学的子女给予过高的期望。殊不知,这样过高的期望,很容易使大学生心理失调,影响自我评估。若是高职大学生对自我的评估不正确,则其在大学生活适应方面很容易出现问题。

(二)家庭原因

在我国,由于受到传统思想的影响,父母多会对孩子有过高的期望,并千方百计地满足孩子在生活和学习方面的需要。但是,对于孩子的心理需要,父母则常常会忽视。这很容易导致孩子心理方面出现问题。而当存在心理问题的孩子进入大学后,可能会使自己原有的心理问题进一步加重,也可能会引发新的心理问题,继而对其心理适应产生消极影响。

(三)学校原因

高职院校从某种程度上来说,就是一个准社会。在这个社会中,生活、学习、人际等环境都是较为复杂的。因此,高职大学生要想适应这一社会环境,就必须完成客观环境的改变、人际关系的改变、对自己认识的改变三个方面的适应过程,并逐渐形成新的思维、生活与行为方式。事实上,这对于高职大学新生来说是一个很大的挑战,因而出现不适应的情况是不可避免的。

(四)个人原因

导致高职大学生产生适应心理问题的个人原因有很多,其中较为重要的有以下几个。

1.成熟与不成熟的矛盾

在个体的成长发展过程中,大学阶段是一个十分特殊的时期。在这一时期,随着年龄的增长,大学生的生理日趋成熟,但心理方面的发展没有和生理发展相匹配。很多大学生觉得上大学以后,自己就是大人了,对各个问题都形成了自己的看法、观点,并且很多情况下由于自己没有真正接触社会,对很多现实问题只是存在于想象之中,认为自己是对的。在这种思想的支配下,大学生非常容易做出一些看似理智却是非常感性的冲动之举,继而影响其大学生活的顺利开展。比如,一些大学生自以为对社会的发展趋势看得很透彻,认为书本上的知识是没用的,对自己未来的发展不会有太大帮助,因而对学习不上心,知识掌握不牢固。但是,当他们真正进入了社会便会发现“书到用时方恨少”。

2.自信与自卑的矛盾

在高职大学生中,很容易出现两种极端的心理现象,即过度的自信和过度的自卑。

有些高职大学生存在过度自信的心态,他们进入大学后,经过一段时间的学习,会觉得大学的学习不过如此,教师所讲授的知识和教材差不多,因而不再将注意力集中在课堂学习上,认为自己在课后自学便可以学好,且能够学到更多的知识。事实上,拥有这一想法的高职大学生,通常最终是既白白浪费了课堂学习时间,也无法真正掌握知识。

也有些高职大学生存在过度自卑的心态,他们进入大学后,或是怕别人看不起自己,或是自己看不起自己。这严重影响了他们对学习、人际关系等的有效处理,继而导致其产生各种各样的适应问题。

3.角色定位偏差

大学环境的变化,可能使高职大学生的自我优势丧失,继而产生角色定位偏差。

在现阶段,我国高等教育还处于精英教育阶段,一旦考上大学便意味着社会地位有了很大提高,社会角色也随着发生了变化。在这一思想的影响下,很多高职大学生进入大学之前会在无形之中提高自我期望,对大学生活的期望也会过于理想化。这就导致不少高职大学生真正进入大学前并未做好适应大学生活的心理准备,因而进入大学后会出现各种各样的适应心理问题。

4. 自身能力缺陷

自身能力缺陷也是导致高职大学生产生适应心理问题的一个重要原因,具体表现在以下几个方面。

第一,自理生活能力差。不少高职大学生长期生活在安逸的环境中,他们进入大学前,生活和学习都深受家长和教师的关怀与帮助。在此影响下,他们都影响了以自我为中心的生活模式,习惯过父母为自己安排好的生活,习惯接受教师“包教包学”的“保姆式”教学方式。如此一来,他们便无法形成良好的独立生活与学习能力,进入大学后自然无法尽快、顺利地适应大学的生活与学习。

第二,自控能力较差。不少高职大学生的自控能力较差,不能严格遵守大学的作息时间,也不能按照自己制订好的计划行动。如此一来,他们在学习和生活中便很容易出现适应心理问题。

第三,性格缺陷。高职大学生的性格,对于能否顺利地适应大学生活也有重要的影响。通常来说,积极、乐观、真诚、适度自信的高职大学生更容易与他人相处,也更容易获得他人的认可与接受,继而更好地适应大学生活。

第四,人际交往能力较差。高职大学生进入大学前,主要的交际对象是父母、教师和同学,而且他们大部分时间都用在学习上,真正用于交际的时间很少。这就导致了不少高职大学的人际交往能力较差,人际交往经验缺乏,继而在人际交往方面出现适应困难。

第三节 高职大学生常见适应心理问题的解决策略

心理适应能力是指个体根据客观环境要求,主动采取对策,在一定程度上适应环境的能力。有了对环境的良好适应,才能有自身的健全发展和潜能的充分发挥。因此,高职大学生进入大学后,为了尽快适应全新的大学环境,必须积极进行心理调适,有意识地培养心理适应能力。高职大学生产生了适应心理问题后,具体可采取以下几个有效的策略进行解决。

一、接受客观现实

高职大学生进入大学后,不管自己是抱着怎样的心态和感受进入这里的,也不管学校的现实与自己理想的大学之间存在多大的差距,都必须首先承认和接受这个现实,做到"既来之,则安之"。此外,高职大学生进入大学后,不论自己是否高兴,都要读完大学。此时,何不以积极的心态去面对一切,尽自己最大的努力去适应和改造大学生活新环境,以求外界现实符合自己的主观愿望,力求使自己在现实条件下获得最佳的发展。具体来说,高职大学生在积极适应大学新环境时,可从以下几方面着手。

(一)积极参加集体活动

通常来说,高职大学生报到后,学校会举行一系列的入学教育活动。对于这些活动,高职大学新生必须要积极参加。这一方面有利于自己了解学校、老师;另一方面也有利于自己增进与同学间的感情,缩短与同学之间的心理距离。除了入学教育活动,随着大学生活的开始,大学中的演讲、艺术表演、体育竞赛等活动也会越来越多。对于这些活动,高职大学生也要积极参与,以便更好地融入大学生活之中,成为大学生活的主人。

(二)积极培养独立生活的能力

高职大学新生要学会妥善安排自己的新生活,培养独立意识和自主精神。经济方面的管理一定要有计划,由于初掌"财权",每月的生活费供自己自由支配,加上城市生活中的各种诱惑和相互攀比,过度消费、超前消费,月底出现赤字,甚至影响学习和生活,这些情况在高职大学生身上屡见不鲜。因此,高职大学生在消费时必须考虑到父母的艰辛,做到量入为出,精打细算,适度消费。

(三)主动适应新的人际环境

高职大学生特别是新生进入大学后,虽然面对的一切都是陌生的,但应认识到自己已经长大成人,从此开始了独立的生活。这时,高职大学生要努力克服拘谨、胆怯的心理,虚心向老师或高年级同学或老乡请教,经他们介绍来熟悉学校的基本情况、专业设置情况和学习方法、管理制度等,及早了解专业特点,确立专业思想,掌握正确的学习方法,施展自己的特长,发展自己的能力等。一般来说,多数人都愿意把自己的经验告诉给新生,以帮助他们尽快适应校园生活,尽量少走弯路。

(四)培养自主学习的习惯

大学生活与中学生活相比要更加自由,即高职大学生有很多自由支配的时间。这就要求高职大学生必须尽快适应时间上的自由,制订出合理的计划,妥善安排时间,充分利用大学丰富的知识资源,钻研业务,开阔视野,培养和锻炼自己各方面的能力以提高综合素质。此外,高职大学生要对自己的课余时间进行科学合理的安排,做好劳逸结合,以促进自身的健康发展。

二、客观地看待自己

高职大学生如果能客观地看待自己,便能正确地对自己进行评估,重新找到和摆正自己的位置,主动接纳自己。如此一来,高职大学生的适应过程便能顺利进行。具体而言,高职大学生要客观看待自己,应具体从以下两个方面着手。

(一)不过分追求完美

每个人都不可能是完美的,过分追求完美会导致一个人越来越不自信,继而引发自卑、失望等心理问题,影响身心的健康发展。因此,包括高职大学生在内的每一个人都不应对自己提出过高的要求,避免理想自我与现实自我之间有太大的差距,切实将自己定在自己能力所及的范围内。

(二)积极悦纳自我

一个人要想被他人接纳,先要做到自我接纳,并积极悦纳自我。所谓悦纳自我,就是平静而理智地对待自己的长短优劣、成败得失,要乐观开朗,以发展的眼光看待自己,既不自欺欺人,以虚幻的自我来补偿内心的空虚,也不消极回避自身的现状,更不以哀怨、自责甚至厌恶的态度来否定自己。这就要求高职大学生要认真分析自己的优势所在,客观评价自己的能力、性格与优缺点等,并尽可能做到扬长避短。如此一来,高职大学生的积极心理品质如自信、自主、自立等便能得到有效培养,其适应大学生活的能力也会大大提高。

三、培养健康的生活方式

高职大学生要想顺利适应大学生活,拥有健康的生活方式是十分重要的。也就是说,高职大学生必须积极培养自己健康的生活方式,具体可从以下两方面着手。

(一)养成良好的日常习惯

当前,高职大学生中存在很多不健康的生活习惯,如饮食习惯不良、吸烟饮酒现象普遍、睡眠习惯不良、缺乏身体锻炼等。这些日常生活中不健康的生活习惯,对高职大学生的身心发展造成了严重的不良影响,也会影响其对大学生活的适应。因此,高职大学生进入大学后,必须养成良好的生活习惯。

(二)进行适度的休闲娱乐

一个人要想保持健康的身体和心理,必须要在生活中做到劳逸结合。然而,许多高职大学生不善于科学休闲娱乐,完全凭个人兴趣支配休息时间,导致自己的身体无法充分合理地休息和调节。长此以往,高职大学生的身心健康都会受到损害。因此,高职大学生需要进行适度的休闲娱乐,而且所选择的休闲娱乐活动应以调整大脑、锻炼体魄、增进修养为主旨,追求丰富多彩、高雅文明,摈弃那些既无锻炼意义又无修养意义的不良休闲娱乐方式。此外,高职大学生可以多参加各种课外兴趣小组、社团活动、文艺活动等,使自己在科学合理的原则下得到休息和调整。

四、确立新的奋斗目标

目标是高职大学生成功路上不可或缺的领航灯,因而高职大学生进入大学后,必须尽快实现从中学到大学的过渡,投身到新的生活、学习中,正确认识自己的专业特点和素质要求,为自己确立新的奋斗目标。

(一)确立奋斗目标的原则

高职大学生确立新的奋斗目标时,必须遵循一定的原则,其中较为重要的有以下几个。

1.具体性原则

高职大学生确立新的奋斗目标时,应特别注重目标的微观与具体,而不应宏观和笼统。比如,高职大学生把学习的目标设定为“过得去”“一般化”,就不如把每门课设定为应达到多少分或什么等级这类目标。

2.可实现性原则

高职大学生确立新的奋斗目标时,必须确保这个目标在经过自己的努力后是可以实现的。只有这样的目标,才能真正对高职大学生的成长成才产生激励作用,并不断激发高职大学生的自信心。

3. 层次性原则

高职大学生确立新的奋斗目标时,若是这一目标是由多个小目标组成的,则这些小目标应该按照实现的难易程度、所需时间的长短、对个人发展的缓急程度等多种因素进行综合考量,继而形成一个层次性的布局。这样做,主要是为了避免高职大学生在同时段为实现多个目标而产生不良情绪,继而引发焦急、急躁等不良心理问题,影响其有效地适应大学生活。

(二)确立奋斗目标的注意事项

高职大学生确立新的奋斗目标时,除了要遵循一定的原则,还要特别注意以下几个事项。

第一,确立的奋斗目标要深刻而长远,并要包含一定的社会因素,能够与社会的需求相符合,以实现个人愿望和社会需求的统一。

第二,确立的奋斗目标要切实依据自己的主客观条件,不可盲目地抄袭或模仿他人。也就是说,高职大学生的自身条件不同,所确定的奋斗目标也必须有一定的差异。

第三,确立的奋斗目标要注意知识和能力的统一,能够为自身综合素质的提高奠定基础。

第四,确立的奋斗目标不应有太宽的幅度。从科学的角度来看,专业面越窄,所需的力量就较少。也就是说,用相同的力量对不同的工作对象,专业面越窄,其作用越大,成功的概率越高。因此,高职大学生重新确立目标时,在幅度方面不宜过宽,以确保自己利用现有的资源能够切实实现这一目标。

第五,确立的奋斗目标要高低恰到好处,过低的奋斗目标毫无意义可言,而过高的奋斗目标则会因脱离实际、超过自身的能力而缺乏实现的可能性。因此,奋斗目标过高或过低都会影响自己实现目标的积极性和主动性,也会损害自己的自信心。

第六,确立的奋斗目标要清晰,不可含糊其辞。含糊不清的目标,根本无法起到目标应有的作用。

第七,确立的奋斗目标要注意长短结合,即既要有长期目标,也要有短期目标。事实上,短期目标的顺利实现,能够为长期目标的顺利实现奠定重要的基础。

第八,确立的奋斗目标要留有一定的余地,以便在具体的实施过程中能够根据实际情况进行一定的修改与调整。

五、主动进行自我调适

俗话说,态度决定一切,对环境的适应能力,是由一个人的生活态度决定的。因此,高职大学生能否在新的环境中拥有必胜的信心和乐观的情绪,是能否积极应对环境、适应环境的关键。具体来说,高职大学生可以从以下几个方面着手主动进行自我调适。

(一)主动适应环境

高职大学生主动适应环境,应特别做好以下几个方面。

第一,在学习上要树立学习目标,避免考上大学后产生松懈的满足感,实现由接受型学习为主向自主型学习方式的转变。

第二,在与同学交往时,如果出现了问题,要多从自己身上找问题,并积极改正。如此一来,同学之间的交往便能顺利进行。

第三,在生活方面,要积极适应独立生活,摆脱对父母的依赖,真正做到独立。

(二)积极摆脱不良情绪

高职大学生在生活和学习中,难免会遇到一些困难和挫折,继而引发一些情绪问题。此时,高职大学生必须学会对自己的情绪进行有效调控,以及时摆脱不良情绪的困扰,恢复心理平衡。如此一来,高职大学生也能更快、更顺利地适应新环境。对于高职大学生来说,自我暗示法、自我宣泄法等都是可以利用的情绪调节方法。

(三)主动进行自我评价

大多数高职大学生进入大学后,发现自己与其他人相比,存在很多缺陷和不足,这时对自己的正确认识和定位尤为重要。因此,高职大学生要主动进行自我评价,并且要保证评价的客观性和科学性。只有这样,高职大学生才能以健康平和的心态轻松面对大学生活。

(四)积极进行自我改变

高职大学生发现自己存在适应心理问题后,必须及时找出原因,并通过进行自我改变来解决这一问题。通常来说,改变既要包括心理方面的,也要包括行为方面的。只有这样,才能更好地实现生活适应。

六、科学规划大学生活

在个体的人生规划中,大学生活规划是不可或缺的一个组成部分。大学生活规划是大学生把大学环境等客观因素与自身实际情况等主观因素相结合,确立大学时期的学习、生活及就业、择业等的计划。这一规划是否科学合理,将对大学生的生活适应产生重要的影响。因此,高职大学生入学后,要及时制定与自身实际情况相符合的大学生活规划。

(一)大学生活规划的内容

大学生活对于很多高职大学生来说有很多的“第一次”,如第一次离开家庭生活、第一次参加团体与社会活动等。因此在这一阶段,高职大学生必须注重为自己未来的成长与发展积累各种资本。高职大学生制定大学生活规划,必须包括以下几方面的内容。

1.注重培养自学能力

大学是一个让学生适应社会、适应不同工作岗位的平台,教师只能充当引路者的角色,学生只有积极自主地进行学习、探索和实践,才能掌握与社会发展要求相符合的知识,继而紧跟时代潮流。因此,高职大学生在大学生活中必须注重培养自己的自学能力。

2.学习为人处世

对于高职大学生来说,为人处世也是大学中的一门“必修课”。很多高职大学生刚刚进入工作岗位时,会感觉自己很难融入到集体中,也很难与同事进行有效的人际交往。之所以会出现这一情况,主要是因为高职大学生在大学期间未能有效学习为人处世的学问。所以,高职大学生在大学生活中必须把握各种机会,努力提高自己为人处世的能力,继而有效提升自己的人格魅力。

3.锻炼自身的实践能力

高职大学生在注重专业学习的同时,也应注重社会实践能力的培养。只有这样,高职大学生才能将所学到的知识有效运用到实践之中。为此,高职大学生必须积极参加学校的社团组织以及学校组织的各种社会实践活动。

4.身心健康成长

对于高职大学生来说,只有身心健康成长,其自学能力、实践能力、与人相处的能力等才有可能获得提高。通常来说,高职大学生的身体健康可以通过加强体育锻炼来达成,而心理健康则要通过树立心理健康意识,优化心理品质,增强心理调适能力和社会生活适应能力,预防和缓解心理问题等方法来完成。

(二)大学生活规划的制订步骤

通常而言,高职大学生制订大学生活规划时,必须遵循以下几个步骤。

1.进行自我评估

进行自我评估,就是高职大学生要对自身条件、性格、才能、能力等各方面情况进行客观合理的判断,以明确自身的优势与劣势。高职大学生进行自我评估时,除了可以通过自己来进行,也可以通过了解自己的朋友、教师、亲人等来进行。

2.进行环境评估

进行环境评估,即高职大学生就自己所就读的学校、所学的专业以及所处的社会环境对自己生活发展产生的影响进行评估,分析自己在这个环境中的地位、环境带给自己的有利与不利因素以及对自身提出的要求等。

3.确定目标

在自我评估和环境评估的基础上,高职大学生便要确定大学生活目标了。高职大学生确定目标时,要注意在回答"我来大学做什么?""我将来想做什么""我能做什么"等问题的前提下进行。一旦确定了目标,高职大学生的人生定位也就变得清晰了。

4.制订方案

目标一旦确定,高职大学生就需要制订方案,将目标转化成行动。否则,再远大的目标也是空中楼阁。在制订方案时,高职大学生要回答以下问题:为了达到目标,应该拥有哪些技能;为了获得这些技能,需要采用哪些方法和行动;如何规划时间等。

5.实施方案

高职大学生在实施方案的过程中,如果遇到困难和问题,能否坚持是关键。只有坚持下去,努力寻找解决问题的方法,才能达到目标。

6.反馈修正

高职大学生的生活规划要适应现实发展的需要,这就需要根据实际情况进行修正调整。当规划实施过程中出现问题时,要反馈修正,认真分析问题出现的原因,冷静思考,重新制订符合需要的方案。

七、管理好自己的时间

在高职大学生的适应问题上,时间管理是一个关键策略,有效的时间管理有助于高职大学生更好地适应大学生活。所谓时间管理,就是提高时间的利用效率,它反映了一个人对待时间的态度和价值观念,是一个人在运用时间方式上所表现出来的心理和行为特征。对于高职大学生来说,要管理好自己的时间,需要做好以下几方面的工作。

(一)了解自己的时间

个体在生活中的时间,大致可以分为五个时间模块(表2-1)。高职大学生对照这几个时间模块,就能明白自己的时间是如何流逝的,继而对自己流逝的时间有一个概念性的了解。

表2-1 生活中的时间模块

活动类型	内容说明
生理需要时间	为满足生理需求所花费的时间,如为保证机体正常运转,人必须通过饮食、睡眠等补充能量
工作与学习时间	工作是人谋生的手段,而学习则是在谋生前的准备或是工作过程中的进修。我们不仅要在上学时学习,还需要树立毕生学习的理念,“活到老,学到老”,紧跟时代变化

续表

活动类型	内容说明
休闲与娱乐时间	为了能够保持健康的身体、愉悦的心情,我们还需要休闲、娱乐和放松,如从事个人喜好的活动,进行体育锻炼,阅读书籍,听听音乐或看场电影
人际与社交时间	我们每个人都生活在社会环境中,与不同的人交往,扮演不同的角色,我们彼此需要。所以,我们需要花时间与家人聊天,与朋友打球、爬山、聚会,与喜欢的人互通电话、互发短信等
个人独处时间	无论我们与他人的联系多么紧密、感情多么深厚,我们每个人还是需要一定的个人独处时间。在独处的时间里,我们完全脱离了社会角色的束缚,更放松、更自由、更具有灵感

(二)设定时间管理目标

高职大学生在设定时间管理目标时,应特别注意以下几个方面。

第一,要切实根据自己的实际情况来设定时间管理目标。

第二,要确保所设定的时间管理目标是完整的、清楚的、合理的。

第三,要确保所设定的时间管理目标有层次之分,即要有短期目标、中期目标和长期目标之分。

第四,要确保所设定的时间管理目标有合理的难度,是经过自己的能力可以实现的。

(三)进行合理的时间规划

时间是最公平的,无论男女老少、贫富贵贱,所有人每天都只有 24 小时,一分不多、一秒不少。时间不可重来、不可储蓄、不可延伸、不可替代,但可以规划。对时间的不同规划方式造就了不同的人生,而且时间处理方式的不同在很大程度上决定了人与人之间的差异。

在进行时间规划时,根据当前的时间管理理论,应注重将个人经历的焦点放在“重要”的事务上,如图 2-1 所示。

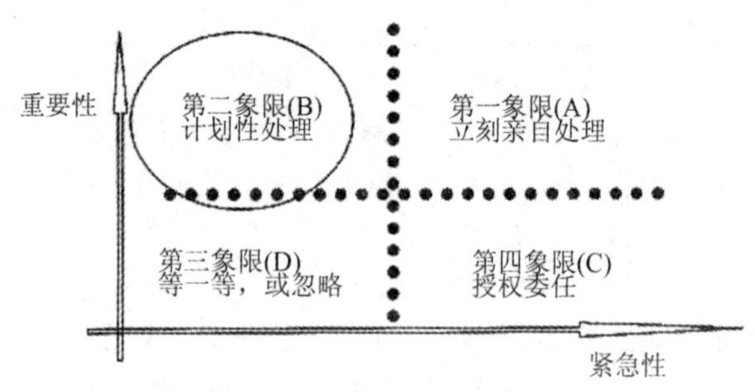

图 2-1　时间管理坐标轴

该图按照事情的重要性和紧急性,将时间划分为四个象限。其中,第一象限通常是需要立刻亲自处理的重要问题,在限定时间内必须完成的任务。在现实生活中,如果过分注重第一象限的活动,那么这个象限的范围就会变得越来越大,最终占据你全部的时间和精力。第二象限是不紧迫而重要的事情(如建立人际关系、进行体育锻炼等),需要计划性处理。这一象限的活动是高效能个人管理的核心,因为这个范围内的活动虽然不紧迫,但十分重要。第三象限是紧迫但不重要的事情,如接待访客等。有些人把大部分时间花在紧迫但并不重要的事情上,自以为在致力于第一象限的活动。他们整天忙于应付一些自认为十分重要的紧急事件,殊不知紧迫之事往往只是别人的优先,对别人很重要,对自己却不一定重要。因此,对于这一象限的工作可以视情况等一等或忽略。第四象限是不紧迫也不重要的事情,若总是从事这一象限的工作,往往既消耗了时间,也得不到什么成果。因此,高效能的人总是避免陷入第三和第四象限的活动,他们通常花费更多的时间在第二象限,以减少第一象限活动的数量。因此,高职大学生必须切实认识到第二象限活动的重要性,并且能够积极主动地去做这些事。

八、积极寻求帮助

心理学的研究表明,一个人如果拥有良好的社会支持系统,就可能比较好地解决问题,保持心理的平衡。因此,高职大学生产生了适应心理问题后,如自己不能解决,就需要积极向他人求教。需要明确的一点是,这里所说的他人,既包括家长、教师、朋友、同学,也包括专业的心理咨询与治疗人员。

九、重视高职大学生的心理适应教育

对于高职院校来说,高度重视高职大学生的心理适应教育,也是解决高职大学生适应心理问题的一个重要举措。具体来说,高职院校在开展高职大学生的心理适应教育时,可从以下几方面着手。

第一,高职院校的领导和教师应高度重视新生适应教育,研究新生适应机制,采取有力措施,有计划、有步骤地实施科学有效的新生心理适应教育,使大学新生尽快适应高校教学管理模式。

第二,高职院校要注意加强高职大学生的挫折教育,提高高职大学生的心理承受力。压力和挫折是高职大学生对历史和现实进行思考和探索的出发点,开展挫折教育,可使高职大学生正视现实,学会处理压力与挫折,在挫折中提高心理承受能力,采取有效的心理防御机制,将压力转换为前进的动力和奋发的契机。

第三,高职院校要注意营造积极、健康的校园文化氛围,丰富校园生活,并注意借助校园文化氛围和校园生活来开展挫折教育活动,以磨炼学生的意志,提高学生的心理适应能力。

第四,高职院校要注意开展心理健康教育,提供心理辅导。高职院校要通过心理教育为高职大学生提供科学有效的指导,帮助他们增强独立意识,合理安排学习生活,正确认识自我,在新的环境中寻找自己的努力方向,学会自我调适,平复心理冲突,取得心理平衡,提高对环境的适应能力。

第三章　快乐学习:高职大学生的学习心理问题探析

知识经济时代的到来,彻底地改变了人们的学习观念,学习是“全面学习、自主学习、创新学习和终身学习”。对于现代人来讲,“学会”是很重要的,但“会学”才是根本。因此,“学会学习”已成为时代的命题,它既是高职大学生发展自我,实现自我,创造理想人生的前提,也是他们在校学习的重要内容。从中学到大学,是人生的重大转折,大学生在生活上要自理,管理上要自治,思想上要自我教育,学习上要求高度自觉。尤其是学习的内容、方法和要求上,比起中学的学习发生了很大的变化。要想真正学到知识和本领,就要适应大学的教学规律,掌握大学的学习特点,选择适合自己的学习方法。高职教育具有明显的职业定向性,要求大学生除了扎扎实实掌握书本知识,还要培养研究和解决问题的能力。由于学习是一种十分复杂的心理过程,它需要全部的智力因素和多种非智力因素的积极参与。因此,培养良好的学习心理是高职大学生心理健康教育的重要内容。这对于提高高职大学生的学习质量和效率也具有特别重要的意义。

第一节　学习的内涵

一、学习的概念

学习是一种既古老而又永恒的现象。作为个体的人,我们每个人从一生下来,也都在不断地学习。由于不同的历史条件,不同的研究角度,就形成了各种不同的学习观。纵观古今中外学者关于学习概念的论述,比较有代表性的有下列十种:说文解字说、行为变化说、经验获得行为变化说、信息加工说、学习功能说、学习认识说、学习活动说、学习“求知”说、学习“效应”说、学习“内化”说。在教育学领域中,一般认为学习是人类个体在认识与实践过程中获取经验和知识、掌握客观规律、使身心获得发展的社会活动。

对于学习,本书认为可以分为三个层面:第一,学习是通过阅读、演讲、研究、实践等途径来获取知识和技能的过程。这是关于学习的最基础、简单的一种理解。第二,学习是指一个人从外界获取信息并对信息进行“加工整理”的全过程。这个层面仍停留在“学”的层面上。第三,真正的学习是思想观念、思维模式、知识结构、知识技能、行为习惯的根本性转变或更新。如果做不到这一层面,还不是真正意义上的学习。其实,学习最终的目的就是要“变”,而且是向着好的方向“变”。学习活动应包括学习的主体、客体和学习活动的结果三个基本要素,即学习就是主体与环境的相互作用,经过内化而获得经验并外化为行为变化的活动,这就是学习的实质。

二、学习的类型

由于学习现象本身的复杂性,涉及不同的学习对象、内容、形式、水平等,因而存在不同类型的学习。目前影响较大的分类方法有以下几种。

(一)依据学习目标的分类

美国教育家和心理学家布鲁姆根据教育目标对学习进行了分类。他认为教育目标也是学习的结果,并把学习分为以下三大类。

1.认知学习

认知学习分为六个水平不同的目标:认识、领会、运用、分析、综合、评价。

2.情感学习

情感学习主要指学生的态度、信念、美感、价值观念、世界观等的形成。

3.技能学习

技能学习主要指技能的形成与发展。

(二)依据学习的内容和结果的分类

我国著名教育心理学家潘菽依据学习的内容和结果将学习分为以下几类。

(1)知识。其中包括知识的感知和理解等。

(2)动作技能。主要是对习得的、用以协调自身肌肉活动的能力的学习。动作技能的学习比知识的学习更为复杂,不仅包括对活动的认识问题,还包括活动或动作的实际执行问题;不仅要知道做什么、怎么做,同时还要能够做出实际动作。技能的学习最终要解决的是会不会做的问题。

(3)智慧技能。主要是对运用符号或概念与环境交互作用的能力的学习。

(4)社会行为规范。包括道德品质和行为习惯的学习,是把外在于主体的行为要求转化为主体内在的行为需要的内化过程。社会规范的学习既包含规范的认识问题,又包含执行及情感体验问题,因此比知识、技能的学习更为复杂。

(三)依据学习结果的分类

美国心理学家加涅认为,人类的学习是复杂而多样的,简单的、低级的学习是复杂的、高级的学习的基础。他根据学习所得到的结果或形成的能力的不同,把学习分为五类。

(1)言语信息。学习大量的名称、事实、事件的特征等,即“是什么”的知识。

(2)智力技能。利用符号与环境相互作用的能力,即学习“怎么做”的知识。

(3)认知策略。内部组织起来的用于调节学习者自己内部注意、记忆、思维过程的技能,是学习者“管理”自己学习过程的方式。

(4)态度。学习影响个人行为选择的内部状态或倾向,即品行。

(5)动作技能。获得平稳、连贯、精确的完整动作的能力,是在练习基础上形成的。

(四)依据学习方式的分类

美国教育心理学家奥苏贝尔根据学习进行的方式,把学生的学习分为接受学习和发现学习。接受学习是指学生通过教师的讲授,现成地获得结论、概念、原理等。发现学习是指学生独立去探索解决问题的原则和方法,进而获得知识。此外,奥苏贝尔还根据学习的材料和方法把学习分为机械学习和有意义的学习。

三、学习的心理机制

(一)记忆

记忆是过去经验在人脑中的反映。记忆是一个复杂的心理过程,从“记”到“忆”包括识记、保持、再认或回忆三个基本环节。从信息加工观点来看,记忆就是对输入信息的编码、贮存和提取的过程。

1. 记忆表象

感知过的事物不在面前,头脑中再现出来的形象,叫记忆表象。表象具有直观性,因为它是感知留下的形象。表象具有概括性,它反映着同一事物或同一类事物在不同条件下所经常表现出来的一般特点,而不是某一次感知的个别特点。表象既不是知觉,也不是思维,而是介乎知觉和思维之间的中间环节。

2. 记忆的分类

(1)按记忆的内容,可将记忆分为形象记忆、逻辑记忆、情绪记忆、运动记忆。在实际生活中,这四种记忆是相互联系的,只是为了研究的需要,才做这样的分类。

(2)按记忆活动特点,可将记忆分为感觉记忆、短时记忆、长时记忆。感觉记忆又叫瞬时记忆,其记忆信息保持的时间很短,为 0.25～2 秒。短时记忆是记忆信息保持的时间在一分钟以内的记忆。长时记忆,即记忆信息的保持从一分钟以上直到许多年甚至保持终身的记忆。长时记忆是一个真正的信息库,记忆容量极大,保持的时间长。

(二)学习动机

动机是指引起和维持个体的活动,并使活动朝向某一目标的内在心理过程或内部动力。不同的动机可以通过相同的活动表现出来;不同的活动也可能是由相同或相似的动机所支配,而人的一种活动可以由多种动机所支配。学习动机是指激发个体进行学习活动、维持已引起的学习活动,并使行为朝向一定的学习目标的一种内在过程或内部心理状态。学习动机有两个基本成分:学习需要和学习期待。

学习需要指个体在学习活动中感到有某种欠缺而力求获得满足的心理状态。学习需要即为学习的内驱力。

奥苏贝尔认为,学校情境中的成就动机主要由以下三个方面的内驱力构成。

(1)内部动机:认知的内驱力(以求知为目标,从知识的获得中得到满足)。

(2)外部动机:自我提高的内驱力(把学业成就看作赢得地位和自尊的根源)。

(3)附属内驱力:为了从长者或同伴那里获得赞许和接纳。

儿童早期附属内驱力最突出,青年期自我提高的内驱力成为决定性的组成部分。但无论如何,认知内驱力在各个时期都是成就动机的主要成分。

学习期待是个体对学习活动所要达到目标的主观估计。就作用来说,学习期待就是学习的诱因。影响学习期待的因素包括:父母对子女的要求(正相关);学生原来的学习成绩(正相关);学生在班级中的成绩排名;教师对学生的期望水平。

四、学习的过程

(一)荀子的学习过程观

荀子将学习看作一个"闻—见—知—行"的过程,"不闻不若闻之,闻之不若见之,见之不若知之,知之不若行之,学至於(于)行之而止矣。行之,明也"(《荀子·儒效》)。"闻""见"是学习的开始,是获取知识的重要手段,眼见优于耳闻;"知"是通晓事理,即把感性知识上升为理性知识;"行"是在生活中加以应用,这才算是达到真正理解和掌握所学的知识。荀子的学习过程观尤其强调"行"的重要性,与现代的学习观是一致的。

(二)梅耶的学习过程模式

信息加工观点认为所有的学习都是通过一系列的内在的心理动作(活动)对外在信息进行加工的过程,主要包括信息的输入、加工处理与输出。根据信息加工观点,研究者提出了各种各样的学习的信息加工模式。而梅耶则根据一般的信息加工模式,提出了学习过程模式,如图 3-1 所示。他强调的是新旧知识之间的相互作用。

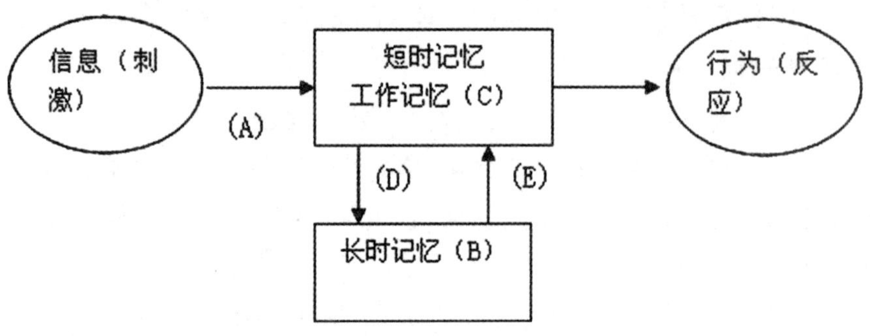

A:注意;B:原有知识;

C:新知识的内部联系;D:新旧知识之间的联系;E:新知识进入长时记忆

图 3-1 学习过程模式

根据梅耶的学习过程模式,学习者在外界刺激的作用下,首先产生注意,通过注意来选择与当前的学习任务有关的信息,忽视其他无关刺激,同时激活长时记忆中相关的原有知识。新输入的信息进入工作记忆后,学习者找出新信息中所包含的各种内在联系,并与激活的原有的信息相联系。最后,被理解了的新知识进入长时记忆,被储存起来。在特定的条件下,学习者激活、提取有关信息,通过外显的反应作用于环境。简而言之,新信息被学习者注意后,进入短时记忆,同时激活的长时记忆中的相关信息也进入短时记忆。新旧信息相互作用,产生新的意义并储存于长时记忆系统,或者产生外显的反应。

对于大学生来说,他们的学习一般可以分为感知、质疑、理解、巩固、应用五个阶段,而“应用”是最为重要的阶段,它既可以加强感知和理解,又利于知识、技能的巩固和创新。

五、学习的策略

在大学生群体中,许多老师都会发现其中有部分学生学习很刻苦,但考试和解决实际问题时往往无从下手。导致这种现象的原因多种多样,但是学习策略的运用不能或不当无疑是主要原因。常见而有效的学习策略主要有以下几种。

(一)复习策略

由于短时记忆的容量有限,必须采取复述的方式才能将信息长时间地保持在短时记忆中,并进入长时记忆。为了避免遗忘,就要通过复习的方式来巩固记忆。根据艾宾浩斯的实验研究,遗忘发生的进程是不均衡的,即先快后慢,刚开始遗忘得多、快,而后遗忘得少。采取适当的复习策略可以克服遗忘,即在遗忘尚未产生之前,通过复习来避免遗忘。

1.复习的时间

应该注意及时复习和系统复习。及时复习可以较大限度地控制遗忘,但它也不是一劳永逸的,要想长时间保持所学的内容,还必须进行系统的、不断的复习。有关研究表明,按照下面的方法进行复习,能够有效地对抗遗忘。

第一次复习:学习结束后的5～10分钟,比如下课后将要点加以背诵,或者阅读后尽快用自己的语言来表述所学的内容。

第二次复习:学习当天的晚些时候或学习结束后的第二天,重读有关内容,将要点用自己的语言表述出来。

第三次复习:一个星期后。

第四次复习:一个月后。

第五次复习:半年后。

2.复习的次数

有人通过实验研究发现,超额学习的次数越多,保持的成绩越好,而且保持的时间越长。这就涉及过度学习的问题。所谓过度学习,即在恰能背诵某一材料后再进行适当次数的复习学习。这种重复学习绝不是无谓的重复,相反,它可以加深记忆痕迹以增强记忆效果。一般而言,过度学习50%效果较好。比如,当你识记某一材料读6遍刚好能够记住时,那么你最好再多读3遍。但是,这并不意味着重复次数越多越好,超过50%的过度学习反而会引起疲劳。

3.复习的方法

选择有效的复习方法可以提高记忆效果。研究发现,许多人经常反复地阅读某种材料,以期达到记忆的目的。这种方法虽然也能够使学习者最终记住有关内容,但事实上,它并不是一个非常有效的复习方法。较好的方法是尝试背诵法,即阅读与背诵相结合。此外,还应尽量地调动起多种感官来共同参与记忆,做到眼到、口到、耳到、手到、心到。

(二)精细加工策略

精细加工策略是指学习者主动把所学的新信息和已有的知识联系起来,增加新信息的意义,从而促进新知识的记忆和理解的学习策略。精细加工策略的关键在于怎样将所学的新信息与头脑里已有的经验联系起来,充分利用已有的经验来理解新信息,使新信息合理化。新旧知识、经验的联系越多,能回忆出的信息原貌的途径就越多。另外,学习之前给自己提问题,也有助于后来的回忆。一般的精细加工策略有许多种,其中好多被称为记忆术。运用比较广泛的一般记忆术有谐音法、形象联想法、歌诀、列提纲、归类、画图、联系生活实际、关键词法、首字连词法等。

(三)元认知策略

元认知就是对认知的认知,具体地说,是关于个人自己认知过程的知识和调节这些过程的能力:对思维和学习活动的知识和控制。元认知策略就是学习者对自己的学习过程进行指导、监控与调节的高级学习策略。概括起来,元认知策略可分为以下三种。

1. 计划策略

计划策略包括设置学习目标、浏览阅读材料、产生待回答的问题以及分析如何完成学习任务。不论是完成作业,还是为了应付测验,学生在每一节课都应当有一个一般的“计划对策”。

2. 监控策略

监控策略包括对材料进行自我提问、阅读时对注意加以跟踪、考试时监视自己的速度和时间。这些策略使学习者警觉自己在注意和理解方面可能出现的问题,以便找出来,并加以修改。一些研究表明,从幼儿到大学生有许多人都缺乏这种领会监控技能,好多学生总是把重复(如再读、抄笔记等)作为他们的主要策略,从课本或讲演中学习新知识。为了帮助这样的学生,建议他们使用以下策略以监视并提高他们的领会程度。

(1)变化阅读的速度,以适应不同课文领会能力的差异。对于比较容易的章节读快点,抓住作者的整体观点;对于较难的章节,则要放慢速度。

(2)中止判断。如果某些事不太明白,应继续读下去。因为作者可能会在后面填补这一空隙、增加更多的信息,或在后文中有明确说明。

(3)猜测。对所读的某些材料不明白时,养成猜测的习惯。猜测不清楚段落的含义,并且读下去,看看自己的猜测是否正确。

(4)重读较难的段落。重新阅读较难的段落,尤其是当信息仿佛自相矛盾或模棱两可时。最简单的策略往往是最有效的。

对于注意力,柯诺指出,注意力关系到自我管理的问题,教师需要教学生一些抑制分心的学习策略,来帮助他们进行自我管理和自我调节。

3. 调节策略

调节策略与监控策略有关。譬如,当学习者遇到他不理解的内容时,他们就会退回去重读困难的段落;在阅读困难或不熟的材料时放慢速度;复习他们不懂的课程材料;测验时跳过某个难题,先做简单的题目等。调节策略能帮助学生矫正他们的学习行为,使他们补救理解上的不足。

(四)阅读策略

美国依阿华大学的学者罗宾森设计并提出了 SQ3R 五步阅读法,它们分别是浏览(Survey)、提问(Question)、阅读(Read)、背诵(Recite)和复习(Review),SQ3R 就是这五步阅读法的简称。在此基础上,很多研究者提出了 PQ4R、OK5R 等方法。

1. PQ4R 法

PQ4R 法是由托马斯与罗宾森提出的,共分为六个步骤。

(1)预习(Preview):快速浏览材料,对文章的组织结构、基本观点和标题等有一些初步了解。

(2)提问(Question):针对阅读内容进行自我提问,像"谁""什么""什么时候""为什么""怎么样"等问题。

(3)阅读(Read):针对问题进行阅读,搜寻主题思想及其相关论点,不宜大量做笔记。

(4)反思(Reflect):对阅读的材料进行深入思考,促进理解,把现在所学内容与学习者已有的知识相互联系起来,把课文中的细节和主要观念联系起来,设法应用所理解的材料等。

(5)背诵(Recite):复述时可以用标题、关键词等作为标识来加以引导。

(6)复习(Review):整合前面有关内容,形成对材料的整体认识。

2. OK5R

(1)纵览(Overview):预习浏览。

(2)提出关键点(Key idea):列出文章中主要的关键的内容。

(3)阅读(Read)。

(4)摘录(Record):在阅读的基础上把文章中主要的内容摘抄下来或在脑中重点加以阅读理解。

(5)背诵(Recite)。

(6)复习(Review)。

(7)反思(Reflect):对整个阅读过程进行反思,包括有无记住、理解内容,阅读速度是否合适,有哪些方面需要加以改进等。它是阅读策略的核心。

(五)问题解决策略

能否成功地解决问题,既取决于个体所拥有的相关知识,又取决于个体的解题策略。解题策略通常有两大类:一类是通用的一般思维策略,不受具体问题的限制;另一类是适合于某一学科问题解决的具体思维策略,与具体的学科内容有关。

1.一般策略——IDEAL

IDEAL是布兰斯福德等人提出的解决问题的一般策略,它有以下五个步骤。

(1)识别(Identify):注意到、识别出所存在的问题。

(2)界定(Define):确定问题的性质,对问题产生的过程和原因进行解释。

(3)探索(Explore):搜寻解决问题的可能方法。

(4)实施(Act):将解决问题的方法付诸实施。

(5)审查(Look):考察问题解决的成效,搜集有关的反馈信息,以便为进一步改善解决方法、更有效地解决问题奠定基础。

2.具体解题策略

根据有关研究,解题策略一般包括下面四步。

(1)提:提出问题。

(2)判:判明问题的性质。

(3)选:选择算法。

(4)找:寻找已知数,依据关系公式,逐项查明所需的已知数是否具备,如果具备,就可以解决问题。

总之,学习策略构成高职大学生学习能力的重要组成部分。为了自身的成长与完善,更好地适应和改造环境,以促进社会的进步和发展,高职大学生了解并充分利用有关学习规律,提高学习效率是相当有必要的。

六、高职大学生学习的特点

高职大学生正值智力发展高峰。良好的记忆力,创造性的学习加上专业化的教育,使高职大学生的学习活动与普通中小学教育活动既有共同之处,又有明显的不同的特点。高职大学生学习活动的主要特点有以下几点。

(一)学习过程的自主性

在学校学习中,教师是主导,学生是主体,即学习是在教师指导下进行的。中小学阶段的学习以教师组织教学为主,而大学生学习是以教师为主导、学生为主体进行的,学生的主动性和创造性明显增强,学生能够提出自己的独到见解,并学以致用。同时,大多数大学生根据自己的专长、爱好、兴趣,自主选择专业,选择选修课和听讲座,独立地阅读各种书籍,制订学习计划,采用适合自己的有效的学习方法。高职教学既传授基础知识,又传授专业知识,教育的专业性很强,还要介绍本专业、本行业最新的前沿知识和技术发展状况。知识的深度和广度比中学要大为扩展。课堂教学往往是提纲挈领式的,教师在课堂上只讲难点、疑点、重点或者是教师最有心得的一部分,其余部分就要由学生自己去攻读、理解、掌握。自学已经成为大学生重要的学习方式,自主性则成为衡量大学生学业拓展能力的重要指标。不善于自主学习的大学生难以适应大学学习,甚至影响学习效果和自身的发展。另外，大学生选择课程学习内容时会考虑学科的实用性、学科内容与职业生涯选择的契合性等。这种充分体现自主性的学习方式，将贯穿于高职学习的全过程，并反映在高职生活的各个方面。

（二）学习内容的专业性

高职大学生的学习与职业发展密切联系，专业性十分突出。从填报专业开始就有了职业定向，尤其是在职业生涯规划后职业定位得到进一步明确和加强。高职课程门类多，内容复杂，学习周期短，专业性强。从报考高职的那一刻起，专业方向的选择就提到了考生面前，被录取上高职，专业方向就已经确定了。高职学习的内容都是围绕着这一大方向来安排的。高职大学学习实质上就是专业学习，其学习深深地打着专业的烙印。不过，大学生学习的“专”并不是“窄”，相反地，大学生的学习必须要广博。“专”是建立在“博”的基础之上的。广博的知识有利于专业的创造性发挥。日本的一项调查发现，学过三个专业的人创造性居首位，具有两个专业的次之，只有一个专业的居最末。可见，知识的广博程度与创造性呈正相关，多学科知识的整合有利于创造。

因此，高职生学习的专业化程度较高，职业方向性较强。既要学习与本专业联系密切的相关学科领域的知识，又要对本专业的某一方面有深入的了解和钻研；既要学好本专业的基本知识、基础理论，又要重视实践知识的掌握和动手能力的培养。

（三）学习方式的多元性

多元性是指学生除了通过课堂教学这一途径，还可以通过多种渠道来获得知识。信息时代，教师不再是知识的中心，网络又开辟了一条学习的新途径。例如，新媒体使大学生的学习方式有了很大改变，大学生们更多地使用网络搜索、交流论坛、电子公告板等形式获取知识信息，逐渐打破传统的封闭式、同步进行的学习方式。新媒体的广泛应用，极大地扩展了大学生获取知识的渠道，增加了大学生知识储备的容量，并且能够帮助大学生在最短的时间内获得最丰富的学科领域知识与前沿信息,提高学习的效率,开阔学生的视野,也拓展了学生的知识面。

互联网自身所具有的开放性、交互性和虚拟性的特点,使大学生在教育活动中的主体地位得到了提升。在互联网技术的支撑下,大学生可以不断发展、扩大自身的文化空间,在选择权上具有了主动性和自觉性,创造出一系列独特鲜活的网络话语体系,教育模式开始走向平等化。在这种模式关系中,教育者可以不断丰富其教学方式,摆脱实体课堂的限制,以达到资源共享的效果。总之,高职院校开放式的教学为学生提供了多种多样的成功之路,除课堂教学,课外实习、课程设计、科研训练计划、学年论文、专家讲授、学术报告及走向社会的社会实践、咨询服务等都为高职大学生学习提供了广阔的道路。

(四)学习目的的探索性

人与动物的本质区别之一就在于人有创造性。人们在实践中不断探索,创造出崭新的事物,由此推动社会不断向前发展。创造性人人都有,而创新是创造性的灵魂和核心。不同个体由于智力、知识经验、认知风格、人格、动机等因素的差异而呈现出不同的创造性。与中学生相比,高职大学生的学习具有明显的探索和研究性质,不再强调知识的灌输和内容的死记硬背。大学的教学内容由中学时确定结论的论述逐步转向介绍各派理论观点和最新学术发展动向方面的知识。高职大学生在系统学习知识、不断掌握专业技能的过程中,锻炼了思维能力,这是创造的基础。不仅如此,高职大学生接触到的新观点、新理论,激发了高职大学生的创造欲,产生了创造动机。在教师的指导和帮助下,许多高职大学生脱颖而出,成为科研领域的新星。探索性特点也适应社会对高职大学生的要求。和中学相比,高职大学生学习不仅仅是掌握知识,更重要的是在于探究知识的形成过程与科学的研究方法,了解学科发展前沿、发现存在的问题及提出解决思路。目前,各个高职院校都普遍加强了对大学生探索、创新能力的培养,如大学生毕业设计(论文)的完成,就是对他们的探索、研究能力的综合检验;又如在课程设置、课程安排、课程衔接上突出学生的主体地位,加大了学生实践力度。

以上是高职大学生学习活动的四个特点。这四个特点既有区别,又有联系。其中,自主性是高职大学生学习活动的基础,多元性是高职大学生学习活动效益的保证,专业性和探索性是高职大学生学习活动的目的。这四个特点统一于高职大学生的学习活动之中。

七、高职大学生学习与心理健康的关系

学习与心理健康的关系是相辅相成的。高职大学生的学习,可以促进学生的身心全面发展,而高职大学生的心理健康状况及心理发展水平,也对学生的学习有着直接的影响。

(一)学习对心理健康的影响

1.学习对心理健康的积极影响

(1)学习可以挖掘和开发高职大学生的潜在智力。每个人都可以通过不断的学习,开发和利用与生俱来、与众不同的智力和潜力。对于高职大学生来说,其注意力、观察力、记忆力、思维力以及想象力等,可以在学习的过程中得以发现和挖掘,得到更好的发挥和利用。

(2)学习可以培养和提高高职大学生的综合能力。任何人的能力,都只有在实践中才能得以体现和提高。对高职大学生来讲,其自学能力、思维能力、表达能力、操作能力等都是今后走上社会参加工作所必需的。在学校学习的过程中,重点目的就是开发学生的各种能力。

(3)学习可以健全和发展高职大学生的自我意识。学习可以使高职大学生掌握并运用科学的认知方法,正确认识和评价自

己,正确认识和对待他人,不断地根据现实社会的需要,进行自我调节。

(4)学习可以培植和完善高职大学生的健康情绪。健康的情绪对自己对他人都有积极的感染力。学习可以促使高职大学生成为懂得生活、善于学习、勤于工作、乐于助人的人,经常体验和感受学习的乐趣、韵味,体验和感受成功的喜悦、快乐。

(5)学习可以调适和维护高职大学生的心理健康。学生在学习中开阔了视野,启发了思维,提高了自己的综合素质和能力,有助于心理健康。而学习一些通用的、必要的心理知识,可以给心理冲突以缓冲和调节,维护自己的身心健康。

2.学习对心理健康的消极影响

学习是一个过程,在这一过程中,各种各样的因素也会对心理健康产生消极的影响。

(1)学习负担过重导致心理问题。学习是一项艰苦的脑力劳动,长期学习负担过重使大脑过度疲劳,大脑皮层活动机能减弱,注意力、记忆力、思维力、想象力受到限制进而影响学习效率。对高职大学生学习时间的调查发现,有相当多的学生每天的学习时间达10小时以上,而睡眠时间严重不足。高职大学生学习有自身的特点,和以往的学习有很大的区别,导致一些学生对学习不适应,进而感到学习负担过重,强度过大,难度过高,带来程度不同的心理压力和精神紧张。

(2)学习方法不当带来的心理困惑。高职的学习方法比中小学更加多样化。现在的大学对学生学习要求严格,若几门课程不及格就会面临失去学位甚至退学的危险,这就给学生造成了一定的心理压力。加之大学更注重学生的自学能力,部分学生由于学习方法不当导致成绩不理想,因而产生挫折感,久而久之,自然会出现内疚、自责和自卑心理,甚至自暴自弃,影响到心理的健康发展。

(3)学习内容的选择不当造成心理偏差。高职大学生的学习内容是非常丰富多彩的,但如果在学习内容的选择上出现问题,涉及不健康、有污染的内容,极容易使抵抗能力较差的学生受到伤害。

(二)心理健康对高职大学生学习的影响

从个体心理因素来看,影响高职大学生学习的主要因素可分为智力因素和非智力因素。

智力因素是学习的前提条件和基础。但从大学生这一层面上讲,虽然有的同学入学的起点比较低,但都经历了高考的筛选,智力方面因素的差异应该不大。因此,对学习产生影响更多的是非智力因素。

所谓非智力因素,是指智力以外的全部个体心理特征,如学习动机、学习态度、情绪情感、兴趣爱好、意志、个性等因素。非智力因素决定了大学生学习的价值取向、学习的动力、学习过程的调控和学习的效能,是影响高职大学生学习优劣的关键所在。例如,兴趣的培养和激发对于提高学习质量具有十分重要的意义。教育家夸美纽斯指出:“兴趣是创造欢乐和光明的学习环境的主要途径之一。”学习兴趣是以学生有所收获为前提的。在学习过程中,学生每学到新的知识,就会自然而然地产生兴趣,而且收获愈多,兴趣愈高,从而提高学习效果。学习兴趣的广泛性和稳定性,使正常的学习有了可靠保障,也为学生身心的全面发展创造了良好的条件。学习兴趣能使人产生积极的情绪体验,降低疲劳度。又如,情感这种非智力因素,它分为情绪和情操两种形式。情绪具有情境性、激动性、短暂性、表现明显等特性,与生理性需要相联系。而情操是习得的、比较高级的情感,与人的社会需要相联系,其主要表现形式有理智感、道德感和审美感。在学习活动中,适当的激情、良好的心境、饱满的热情是学习的重要心理品质;而情操则是推动学习的强大动力,是一个人学业成就大小的先决条件。

大学生的心理健康,可以对其非智力因素产生积极影响,进而对学习产生促进作用。而大学生心理不健康,甚至还有心理疾病,则对其非智力因素产生负面影响,使学生的潜力得不到发挥,阻碍了学习。

第二节　高职大学生常见的学习心理问题

学习心理主要指学生学习过程的心理反应、特点及活动规律。学习心理有健康和不健康之分。一般而言,心理健康的高职大学生,其学习成绩优于心理不健康者。健康的心理,对高职大学生的学习有很大的促进作用;反之,如果心理不健康,甚至有心理疾患,则会不同程度地妨碍高职大学生的学习。目前,在高职大学生的学习过程中,存在的问题很多,已经严重影响其学业的顺利完成和成才目标的有效实现。关注高职大学生学习心理健康已成为高职院校教育工作者不可回避的重要议题。就当前的情况来看,高职大学生常见的学习心理问题有学习心理冲突、学习动机不当、学习态度不良、注意力不集中、学习疲劳、考试焦虑等。

一、学习心理冲突

高职大学生在学校的学习生活中,往往会出现由认知和情绪引起的各种矛盾和冲突,这些矛盾和冲突如果没有得到很好的解决,就会产生不良的情绪反应,对心理健康有消极影响。高职大学生的学习心理冲突主要有职业理想与学业层次的冲突、兴趣爱好与专业选择的冲突、学习目标与学习现状的冲突。

(1)职业理想与学业层次的冲突。高职大学生最容易出现的矛盾是职业理想与现实在读的学业层次之间的矛盾。不少学生对自己以后从事的职业都有理想化的设想,期望值较高,但现实在读的专业与其理想职业的实现差距太大。这种冲突滋生了学生的自卑心理,促使他们用一种消极的态度来对待学习。大学生应该把专业理想与职业理想合理地统一起来,让二者相得益彰,共同进步。这样一方面能使专业知识在适合的工作岗位上发挥作用,一方面又把自己的职业理想建立在专业工作上。

(2)兴趣爱好与专业选择的冲突。每个人都有自己的兴趣爱好和优点特长,但在升学选择专业的时候,不少人的盲目性很大,没有精力去考虑自己的特长和爱好;入学后,发现自己根本不了解、不喜欢所学专业,但木已成舟,只能被动式地学习,久而久之就产生抵触情绪。

(3)学习目标与学习现状的冲突。多数高职大学生都希望自己在学习上取得满意的成绩,且为了今后的工作,也希望掌握更多的知识和技能。而在现实中,也有学生自己努力了,但是成绩还跟不上去。还有些学生自制力较差,成绩不尽如人意,学习压力越来越大。学生主观上知道学习重要,现实中却经不住其他诱惑,把大量的时间投到休闲娱乐上,导致学习压力越来越大。当今,网络的发展为大学生的学习生活提供了很大的便利。大学生在网上冲浪,获取各种信息,网络充分展现了世界的五彩缤纷、繁花似锦。一些自制能力差的大学生,整天沉迷网络而忽视学业。曾有人戏称,千万不要相信大学生买电脑是为学习的。此话虽有夸大的成分,但也一定程度上说明大学生沉迷网络的严重性。据报道,现在每年从大学退学的学生中,70%是因为他们沉迷于网络不能自拔。从中学到大学,学习环境和方法的变化很大,如果没有合理的教育引导,一部分学生把握不住自己,容易上网成瘾。大学宽松的学习环境使得大学生没有什么学习压力,一些自制力差、没有具体人生目标的人就开始自由散漫,放任自流。有些学习成绩不好的同学从表面上看满不在乎,其实自卑的种子早已在心中生根发芽。总之,由于成绩低下,一些大学生对现状也逐渐产生不满,对未来焦虑,少了安全感。

二、学习动机不当

学习动机是在学习需要的基础上产生的。从心理学的角度来讲,学习动机是将学习需要和学习愿望转变为学习行为的心理动因。关于大学生学习成绩与学习动机的研究结果表明,学习本身的兴趣、强烈的求知欲望和自我报偿等内部动机是大学生学习的主要推动力量。而由外部动机推动的学习行为会随着外部条件的变化而起伏,呈现极端状态。比如有的大学生为了奖学金而学习,当自己感觉能拿到奖学金时就拼命学习,当感觉拿不到奖学金时就放松学习。高职大学生由于自身的现有水平、层次和倾向性的不同,其学习动机有一定的差异。在学习动机上,高职大学生容易出现的问题是学习动机的缺乏和学习动机的过强。

(一)学习动机缺乏

学习动机缺乏主要是因为没有明确的学习目标,社会责任感不强,价值观念肤浅,缺乏自信心,学习方法不当,对自我的学业期望不高,学业自我效能感低。

学习动机缺乏表现多种多样,主要有以下几点。

(1)学习上的盲目。这样的学生没有明确的学习目标和目的,学习既没有意义,也无成就感。对所学专业不甚了解,也不愿意去了解。在学习上既不做长远规划,也不做近期安排。每天的时间怎么安排、学习什么、学习多少内容、如何在多门课程中合理分配时间和精力,对这些问题不做打算。学习没有主动性,完全是被动地应付,应付家长,应付老师,应付考试。因此,在学习上不求甚解,只是死记硬背,不会把所学知识融会贯通,更不会对学科做深入研究。没有适合自身的职业生涯规划方案,也没有系统的学习体系。

(2)情绪上的厌学。厌学的学生,对知识没有热情和渴望,对学习没有兴趣和快乐,常常无所事事,无精打采,灰心丧气。学习上拖拉散漫,怕苦怕累,不愿上课,经常旷课、迟到、早退,上课时无精打采,课后也不复习,不做作业或抄袭作业等。有的学生对学习还带有抵触情绪,甚至厌倦和反感学习生活。

(3)行动上的懒散。有些学生不愿意在学习上多花时间,多动脑筋,多下功夫,不愿上课,不愿看书,不愿做作业。学习马虎,自由散漫,懒散拖沓。经常会为自己学习上的懒惰找借口。无成就感,无抱负和理想,无求知欲和上进心,没有压力和紧迫感。既不羡慕那些学习成绩好的同学,也不为自己虚度年华而惭愧。不积极摸索和改进学习方法,难以适应紧张、繁忙的学习生活,对学习成绩不佳毫不在意。

(4)方法上的不当。学习本身是具有科学性和规律性的。缺乏学习动机的学生在学习上是被动的,他们不善于去探索学习的规律,去寻找切实可行的学习方法,当然也就不能适应新的学习需要了。学习方法不当主要表现为:学习上有明显的偏科现象,喜欢的就多用精力学,不喜欢的就消极应付;容易学懂的认真学,难学的就不愿意多用功;老师教什么,自己就学什么,主要靠死记硬背,不能用学过的知识正确分析、解决现实问题;易钻牛角尖,思维不活跃等,表面看似学习很刻苦,但收效甚微。

(二)学习动机过强

学习动机过强的大学生个体学业期望过高,自尊心强,对自己的学习能力缺乏恰当的估计,盲目争强好胜,造成情绪紧张、自责,学业自我效能感下降,心理压力大。

(1)期望过高。有些大学生为自己确立的抱负和期望远远超过自己的实际水平,并强烈渴望成功。他们的成就欲望过于强烈,而忽视了失败的可能性,一旦遇到挫折或失败,自尊心和自信心就会被严重挫伤。尤其是高中阶段一直处于优势的领域或者学科,一旦出现滑坡,心理上自然产生落差,自信心和自尊心受损,这就不可能有一个良好的学习效果。

(2)过分勤奋。动机过强的学生,把学习看成是世上最重要的事情,经常给自己强化“勤奋=成功”的意识,把自己的时间和精力全都凝聚在学习上,只会学习,不会休息。这样的学生,伴随焦虑而导致心理脆弱,长期处于精神紧张和身心疲惫状态。情绪紧张又会导致学习效率下降,很容易形成恶性循环,其人格发展和身心健康都会受消极的影响。

(3)对己苛刻。学习动机过强的学生,都希望学习成功,怕自己失败甚至不容许自己失败,这样就总会对自己的现状和努力的结果不甚满意,并且容易自责。追求完美,乃是人类健康向上的本能,但过分追求完美则容易引起自我适应障碍,决策容易失误。期望自己完美无缺,不能容忍自己“不完美”的表现,甚至把人人都会出现的、人人都会遇到的问题看成是自己“不完美”的表现,不肯迁就现实中平凡的、有缺点的自我,对自己的所作所为产生不满情绪,产生一定程度的自卑心理和“退而求其次”的想法。这样的大学生追求学习上的理想和完美,却不能体验学习的快乐和情趣。

(4)好胜心强。学习动机过强的学生把名声、面子、分数、名次和荣誉看得非常重要,以他人的表扬和赞赏来满足自己的虚荣心,害怕他人小看自己。希望自己总是第一,看见他人努力学习或者超过自己就不满意甚至嫉妒。

(5)学习焦虑。学习动机过强的学生总是给自己安排过重的学习任务,学习压力较大,精神长期处于紧张状态,常常会造成学习焦虑。这种焦虑将会导致学习过程中的注意力减弱、记忆力下降、思维迟缓等问题,严重时会引起头痛、头昏、耳鸣、心悸、失眠等多种心理疾病,这又会导致学习效率下降,形成恶性循环。

(6)考试作弊。调查发现,考试作弊者包括一些平时学习认真、成绩优良的学生。这些学生或担心自己成绩不理想丢面子,或为了能拿到奖学金及各种荣誉称号,会铤而走险在考试中作弊。深深的自责和成功后的沾沾自喜会使这些作弊的学生产生心理压力,久而久之会造成沉重的心理负担。另外,作弊一旦被发现,自尊心将严重受挫,引发学习情绪波动。

三、学习态度不良

学习态度是大学生对学习的较为持久的肯定或否定的内在反应倾向。学习态度对学习活动的作用具有两重性,既可以起积极的作用,也可以起消极作用。积极作用表现为组织功能,消极作用表现为瓦解功能,即良好的学习态度对学习活动起积极的组织作用,不良的学习态度对学习活动起消极的瓦解作用。从心理学角度分析,学习态度是大学生对学习对象的一种心理反应形式。学习态度中固然有较大的情感因素,但占主要成分的是学习认知、学习行为。学习认知是大学生在一定的学习动机和学习目的的支配下,对学习对象的认识和了解。学习行为,也称学习行动,是学习态度的外在表现形式。一个学生无论学习动机如何纯正鲜明,学习目的如何明确高尚,对专业的了解如何全面深刻,学习热情如何高涨强烈,但没有学习行为,仍然不能说他有完整的学习态度。一切的学习动机、学习目的和学习热情,都要通过学习行为表现出来。

学习态度是学生学习的前提和决定因素。在有积极学习态度的学生看来,学习是内在的、主动的,他们对学习认识清楚,充满信心,并能持续地保持较好的学习成绩;他们能够明确学习是自己的事情,并能自主安排自己的学习生活。在有消极学习态度的学生看来,学习是外在的、被迫的,他们对学习有抵触情绪,学习对他们来说是一种精神折磨;他们是在父母和舆论的压力下学习的,会在学习中投机取巧。

在学习上,高职大学生中普遍存在的心理问题就是不良的学习态度和学习习惯,这直接影响着高职大学生自身全面和健康的发展。不良的学习态度主要表现为以下几点。

(1)只求文凭,务虚名。有的学生把文凭当作进入社会找工作的“敲门砖”,只看重文凭的形式,而不注重文凭内在的文化知识、技术能力的含量。上不上课无所谓,学不学知识没关系,有没有能力不在乎,考试能过关,毕业证到手就是目的。当今大学生,既面对就业严峻的挑战,又面临个人发展前所未有的良好机遇。过去那种"一张文凭走天下"的情况已一去不复返。社会固然重视"文凭",但更重视真才实学,更重视实践能力和个人的综合素质因此,必须彻底转变学习观念,实现从获得文凭向求得真才实学方面的转变,眼界应该更开阔,目标应该更高远。

(2)不求上进,得过且过。有的学生对学习的目的和意义认识模糊,没有较为长远的计划和打算,很容易满足于现状;把学习当成是完成家长和老师布置的任务,只求不丢面子,过得去;遇到学习上的困难往往绕道而走;降低自己的学习标准和要求。

(3)逃避现实,沉迷网络。有的学生消极地对待自己的现状和学习上的困难,找各种借口逃避现实的学习环境,把自己的时间和精力投入到与学习无关的活动和事情中,甚至沉湎于虚拟的网络世界,从中寻找精神上的安慰和满足。当今社会变化快,多种经济成分并存,文化也有相当大的包容力,呈现出多样性,有一些学生受到各种冲击和不良影响,难免出现迷茫、困惑等不良情绪。

四、注意力不集中

心理学上所讲的注意,指的是心理活动对一定对象的指向和集中。集中注意力是学生学习的基本条件,注意力不集中,在高职大学生中是一种普遍现象。"心不在焉",注意力差,就容易在学习上出现一系列问题和矛盾。注意力不集中的学生,往往在学习上不能有效地把握自己的心理活动,不能控制好自己的思维。他们在课堂上,或看书时思绪万千,但与学习活动无关,或者在学习的时候,经常做一些与学习无关的动作和事情。同时,他们很容易受到外界各种因素的干扰,注意力容易为其他刺激物所吸引。注意力不集中的学生,花在学习上的时间不少,看的书也不少,但就是效率很低。

五、学习疲劳

学习疲劳是指因一定的紧张程度或长时间的学习而引起生理和心理方面产生变化,使学习效率下降,甚至处于不能学习的状态。长期学习负担过重,用脑过度,可使疲劳积累成为过度疲劳,就会造成大脑的机能损伤。学习疲劳一般分为生理疲劳和心理疲劳两大类。生理疲劳包括肌肉的疲劳和神经系统的疲劳。心理疲劳是心理不安和疲乏感。心理疲劳与生理疲劳不一样,它不是由能量的消耗引起的,而是由心理的原因引起的。它主要表现为对学习感到倦怠、情绪不安、精神涣散、厌恶、反应迟钝、注意力不集中等,随之而来的是学习积极性及效率下降,严重者可表现为学习困难、学习无兴趣。

六、考试焦虑

考试是对学生个人知识水平和能力的考核和检验。学生由于考试情景引起的紧张,或程度不同地被考试时的负性情绪所困,这就是考试焦虑。心理学研究表明,适中的焦虑是正常的、合理的,中度焦虑水平最有利于提高效率,过高或过低的焦虑水平都不利于考试成绩的提高。就多数人来说,面临重要的或关键性的考试总会引起一些心理压力,产生一定程度的考试焦虑,这是不可避免的,无多大危害。但是,过度的考试焦虑有可能导致学生考试失败,对学生的身心危害是很大的。考试焦虑有以下症状。

(1)错误的自我认知。对自己要求过高且常常绝对化,以担心为特征,一怕考得不好,二怕考试失败后果不堪设想。考试是一种典型的自我被评价的情境,考试焦虑在本质上是担心自我可能遭到负面的评价。与其说为分数担心,害怕考砸了,不如说是担心考试不好背后的东西,譬如说家长和老师的失望、同学之间的比较、对自我价值的贬低等。消极的自我评价,对自己没有信心,往往不承认或不接受自己的真实面目,在别人面前装扮出另一种形象,因此经常导致情绪上的紊乱和行为上的异常。

(2)失常的生理反应。考试焦虑最初的反应表现为肌肉紧张、心跳加快、血压增高、出汗、手脚发冷等生理反应和苦恼、无助、担忧、自我否定、胆怯等症状。随着焦虑的增加,应试者会出现坐立不安、头昏脑涨、注意力不集中、思维僵滞等身心反应。

(3)逃避的行为表现。通过防御或逃避而表现出来的一定的行为方式。表现为对考试抱无所谓态度,考试前没有紧张感,考场上心不在焉、胡乱答卷、蒙头睡觉、提前离场等,这是考试焦虑的另类表现形式。

第三节　高职大学生常见学习心理问题的解决策略

一、学习心理冲突的解决

(1)正视问题,主动寻找办法。高职大学生应客观地面对现实中存在的矛盾和冲突,不退让,不回避,不发牢骚,也不埋怨,积极主动地去寻找解决问题的办法,利用现实可行的各种条件来疏导矛盾和解决问题。

例如,如果不喜欢自己所学的专业,先要了解自己的专业。很多时候不喜欢某个专业是因为不了解,没有发现其中的乐趣。可以向系主任或者其他本系的老师了解本专业,也可以向学长学姐了解更多本专业的信息,深入了解过后可能会喜欢上自己所学的专业。但是总会有人经过了解,仍然不喜欢自己的专业。这时,需要根据现实条件选择适当的解决方式。总体来讲,应对方法分为两种:第一,转到自己喜欢的专业;第二,在现有的专业通过各种渠道提高自身能力,毕业时转到喜欢的领域。具体如

图 3-2所示。

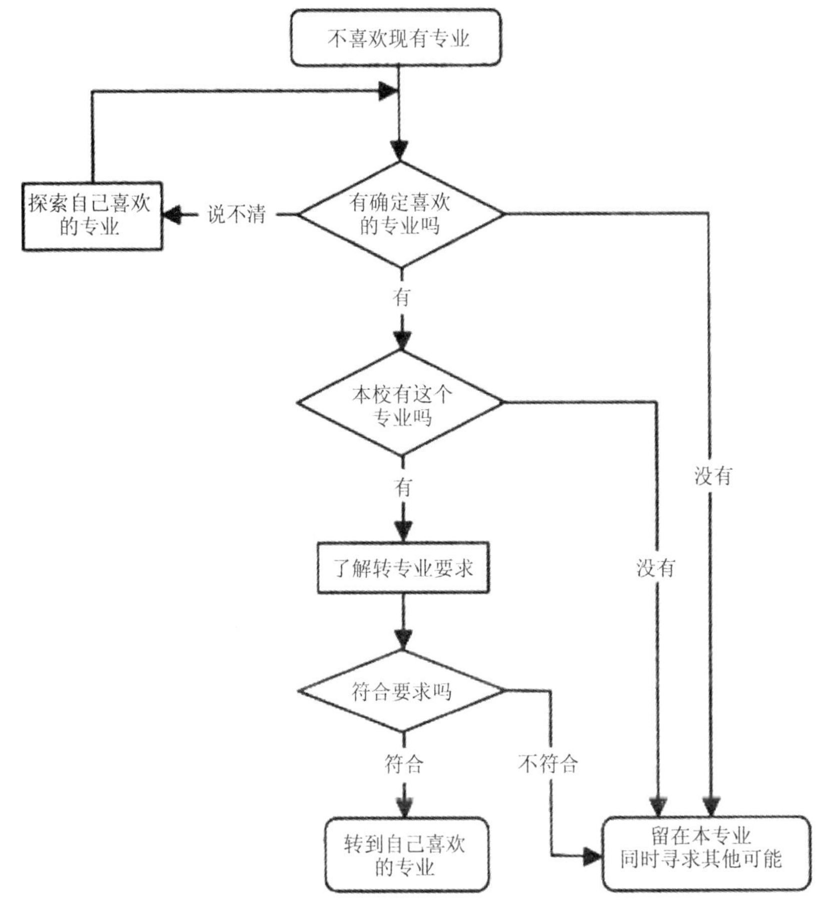

图 3-2　不喜欢本专业怎么办

(2)权衡利弊,做出正确选择。生活中充满各种矛盾和冲突,每个人都要在矛盾和冲突中作出果断的选择,其结果是有得有失的。如果在选择上出现了失误,那么很有可能会导致自己付出巨大的代价。我们往往不知道自己的选择对以后来说意味着什么,但是我们仍要作出选择。面对存在的问题,优柔寡断,迟迟不能作出判断和抉择,会使矛盾和冲突越积越多,消极影响越来越大,后果严重。在面对抉择的时候,我们要考虑清楚,权衡利弊,再作出相应的选择,做到三思而后行。

(3)量体裁衣,放弃过高要求。有些矛盾和冲突,是由于学生之间的攀比和虚荣心作祟,对自己要求过高,但又达不到自己所期望的目标而造成的。因此,要重新审视自己,放弃那些不切合实际的、对自己过分苛刻的要求。要认识到人不可能十全十美,每个人都有优缺点。应该充分接纳自己,并肯定自己的价值,不自以为是也不妄自菲薄。应该选择适合自己的标准,放弃不切合实际的标准。更重要的是以自己为标准,按照自己的条件评定自己的价值,应该立足自己的长处,明了、接受并尽力改进自己的短处。在充分了解自己的基础上,对自己有恰当的目标和要求,目标符合自己的实际能力,不苛求自己,也不被他人的要求左右。人各有所长所短,每个人都是独特的、与众不同的。欣赏自己的独特性,才能不断激励自我。学会遇事实事求是、恰如其分地评估自己,既不高抬自大,也不妄自菲薄。要学会容忍自己"不完美"的表现,放弃对自我十分苛刻的期望,欣然接受自己。搭建新的平台,调整目标和进度,尽自己最大的努力,脚踏实地,一步一步接近并实现自己的目标。

二、学习动机不当的调适

(一)学习动机缺乏的调适

学生之所以缺乏学习动机,原因是多方面的。概括起来有主客观两个方面。客观方面有家庭的、学校的、社会的原因。家庭环境对学生的学习动机有着直接的影响。一个家庭,其经济条件、成员结构、文化程度、习惯涵养,以及对子女的教育方式、期望程度、民主氛围等,对学生的学习动机都会产生直接的、不同程度的影响。学校是学生学习和生活最直接的场所,学校的各种因素,都会影响学生的学习动机。而社会生活是影响高职大学生学习动机的重要原因之一,其中社会价值观的影响尤为突出。

主观方面就是高职大学生自身原因。对于高职大学生来说,走进了大学就意味着自己独立生活的开始。学生自己的意志品质、情绪态度、兴趣爱好、社会阅历、世界观与价值观,以及身体和心理健康状况,都会对学习动机产生影响。

针对学习动机缺乏的心理问题,可从以下几点进行调节。

(1)改变认知,明确学习目的。不知道学习的意义和目的,没有明确的学习目标,不清楚自己应该学什么、做什么,这样的学生不可能有学习的积极性和主动性。对于学习动机缺乏的同学来说,要改变过去对学习的态度,明确学习的目的和意义,给自己确立一个具有现实意义的学习目标,清楚自己努力的方向,激发其学习动机。没有正确的学习目标,就难以产生强大的学习动力。正确的世界观、人生观和价值观对个人的发展非常重要。高职大学生应把社会、国家和个人的命运紧密结合起来,树立为中华民族的伟大复兴和人类进步而努力学习的目的,使强迫性、消极性和应付性的学习,转变为主动的、积极的和迫切的学习。

(2)培养成就动机。大学生是否具有成就动机,对他们学习的成效与未来事业的发展影响很大。当一个学生具有远大的抱负和成就目标时,他才会提高对自我的要求,并不断完善自我,奋发进取。如果一个学生学习的目标只是为了能找份好工作,他就不会对自己有更高的要求,也不会对自我进行全面的完善,成为新世纪的合格人才。

(3)感受成功,激发学习兴趣。人们常说,兴趣是最好的老师,当人们对事物感兴趣时,就会克服一切困难,努力去实现它。缺乏学习兴趣,就不可能有正确的学习动机;有成功的感受,可以增强对学习的自信。因此,要主动培养对自己所学专业稳定的学习兴趣,可以通过听专业介绍、讲座、讨论,到专业对口的工厂、企业参观,提高自己对专业的学习兴趣。一旦学习有了进步,要及时给自己鼓励,使自己对学习更有自信,感受学习的成功感。培养自我成功感,以培养直接的学习兴趣。在学习的过程中每取得一个小的成功,就进行自我奖赏,达到什么目标,就给自己什么样的奖励。

凡是相对强烈、对比明显、不断变化,并带有新异性和刺激性的事物都会引起人们的兴趣。同时,人的已有的知识经验,能满足人们获得新知识的愿望,如实用的计算机、外语等课程易激发学生的学习兴趣。另外,人对事物的愉快体验,一个人在学习过程中获得别人承认或内在的满足等积极情感体验,会加强学习兴趣的稳定性。

对自己进行积极的期望,也可以培养学习兴趣。积极期望就是从改善学习者自身的心理状态入手,对自己不喜欢的学科充满信心,相信该学科是非常有趣的,自己一定会对这门学科产生信心。想象中的"兴趣"会推动我们认真学习该学科,从而促使自己对此学科真正感兴趣。同时,也可从难度适中的小目标开始,在学习之初确定小的学习目标,学习目标不可定得太高,应从努力可达到的目标开始,不断的进步会提高学习的信心。另外,还可把原有的其他兴趣转移到学习上来,以培养新的学习兴趣。

(4)正确归因,寻找恰当方法。美国心理学家韦纳对人们失败和挫折的归因方法进行了研究,认为一般情况下,挫折与失败由客观因素(包括任务难度和机遇)和主观因素(人的能力与努力)造成。人们把失败归因于何种因素,对以后的活动积极性有很大影响:把失败归因于主观因素,会使人感到内疚和无助;把失败归因于客观因素,会产生气愤与敌意。不同的归因对学生的学习动机和积极性起不同的作用。正确的归因有利于激发学生的学习动机,提高学习积极性,提高学习效率,同时还可以维持学生心理平衡。部分学生的学习动机缺乏,是由于不能正确地认识学习上受挫和失败的原因,或者是由于学习方法不当而导致长期的学习效果不佳。因此,对学习上遭受挫折和失败的学生,首先要帮助他们找到正确的成败归因模式,并引导他们正确评价自身的能力,同时还要协助他们寻找适合于自己的学习方法,以增强他们的学习信心和动机。根据韦纳的归因理论,应引导学生多从内在、可控的角度归因,而应防止将一切问题客观化。

(5)克服无力感,增强自信心。对那些经历学习上多次失败而变得自暴自弃,产生无力感的学生,应该采取措施去减轻或消除他们的无力感症状,提高他们的学习积极性。首先要让他们深刻地意识到学习知识与考试成绩之间的关系,关注知识的获取,淡化考试成绩,减轻失败压力。其次要创造机会让学生获得成功的体验,让自己在学习活动中体验到更多的成功,以提高自身的学习动机和自信心。

(二)学习动机过强的调适

学习动机过强,多因为制订的目标过高,或者认知错位,而外在压力和个人性格也是重要的原因。学习动机过强的学生,过高地估计自己的实力,其学习目标和自我期望值定位都很高,远远超过了自己的实际能力和水平,自己努力但达到目标的可能性太小。学习动机过强的学生,大都有固定的错位认知模式:勤奋、努力就是等于成功。面临挫折和失败时,他们的心态极不平衡。部分学生的学习动机过强,其原因是来自于社会、家庭和学校不适当的强化。学习动机过强的学生,往往个性和自尊都比较强,做任何事情都太过认真,力求完美。

学习动机过强的调适,可从以下几点入手。

(1)制订科学的学习目标。高职大学生在制订自己的学习目标的时候,要把自身的条件和能力以及所处的环境结合起来,制订目标要考虑阶段性、现实性和可操作性,做到明确、具体,切忌好高骛远。大学生在制订自己的具体学习目标时,需要认真、全面而谨慎地分析相关的方方面面,并进行恰当的选择。首先,要全面、认真地分析自己所学专业的教学计划。如果脱离自己所学的专业,不思考自己专业的人才培养计划,所制订的学习目标就会偏离方向,也较难获得成功。其次,制订大学学习目标,还要全面、客观地审视自我。审视自我,就是认识自我,了解自己的现状和优缺点,明确自己的需求是什么,同时找到自己现在所处的位置,这个位置即是自己迈向目标的起点。实践表明,只有在上述分析基础上,将专业教学计划的要求和个人的实际情况结合起来选择并确立自己的学习目标,才具有科学性和现实的可行性。

(2)建立正确的自我认知。自我认知是对自己的洞察和理解,包括自我观察和自我评价。自我观察是指对自己的感知、思维和意向等方面的觉察;自我评价是指对自己的想法、期望、行为及人格特征的判断与评估,这是自我调节的重要条件。如果一个人不能正确地认识自我,看不到自我的优点,觉得处处不如别人,就会产生自卑,丧失信心。学习动机过强的学生,对怎样在学习上取得成绩和成功,达到学习的目标,认识上也有偏差。因此,需要建立正确的自我意识和成功意识的认知模式。

(3)打造宽松的学习氛围。学习动机过强的形成有一个过程,学习环境和学习氛围是其形成的客观原因。学习动机过强的学生,生活在家庭、学校、社会各种压力的包围中。应该营造一种宽松的学习环境和学习氛围,这样有助于学生的健康成长。

三、不良学习态度的纠正

大学生由于经验的积累,形成了相当稳固的学习态度,在学习中,总是表现出自己的学习习惯,坚持自己的态度,以保持心理平衡,很难打破已形成的固定模式。要改变学生的不良学习态度,可以采取下列几种方法。

(1)确立正确的学习目标。学习目标是学习的出发点,也是学习的归宿。学习目标是学生努力的方向,也是学生进步的动力之一。确立具体明确的学习目标,是高职大学生的首要学习任务。目标越明确、具体,越切合自己的实际情况,其学习行动的每一次努力就越能够获得成功。

(2)让大学生认识到学习态度对学习的重要性,变消极的学习态度为积极的学习态度。人们常说,态度决定一切,态度决定人生发展的方向。正因如此,要转变学生的学习态度,让学生明确所学专业、课程的重要性则非常关键。消极的学习态度往往会导致大学生厌学、逃避学习。因此,要通过各种途径激发大学生的求知欲,引导他们正视学习中遇到的困难和挫折,及时调整自己的消极心理,培养自己学习的主动性和自信心。

(3)勇于面对和克服学习困难。任何学习都不是容易的事情,真正的学习很辛苦,既要付出大量的体力劳动,又要付出大量的脑力劳动。随着学习的深入和提高,其难度也越来越大。因此,高职大学生在学习上,要勇于面对困难,克服困难,并在其中锻炼和磨炼自己,培养自己坚韧不拔的意志品质。

(4)提供学习表现的反馈,使学生跳出"自我中心"的框围,客观地重新估计自己、评价自己。

(5)摆事实,用实证材料纠正学生的错觉,使他们从刻板的成见中解脱出来。

(6)利用教师权威的手段,如表扬、奖励、批评等,但这些手段要运用恰当,不可滥用。

(7)学生要与老师多沟通、多讨论,使自己学有所得,学有所获,从而提高自己的学习积极性。

(8)抓住认同阶段,转变学生的学习态度。根据凯尔曼的态度转变"三阶段"理论,学习态度的转变经过依从、认同和内化三个阶段。其中依从指个体为了获得奖励或逃避惩罚而采取的与他人表面上相一致的行为。依从不是个体自愿的,而是迫于外界的强制性压力采取的暂时性行为。认同是个体开始自愿地让自己的态度和行为与心目中榜样的观念和态度相一致,但尚具有不稳定性。内化是指个体坚定地让自己的态度和行为与心目中榜样的观念和态度相一致,这时个体不会受到外在环境的影响,始终坚定如一。可见,抓住认同阶段大学生的心态引导他们转变态度是非常重要的。

四、注意力不集中的调节

高职大学生学习注意力不集中,其主要原因是,学习目的和学习任务不明晰;对学习的内容和形式没兴趣;学习环境不佳;生理和心理疲劳;自我控制和监督的能力差。要解决这些问题,可从以下几点入手。第一,要确立学习目标,规定学习任务。大学生在学习上确立一个与自身实际情况相适应的目标,并以此制订具体的、可行的学习任务,让自己在一定压力和动力下,带着任务和问题学习,这样能促使注意力渐渐集中。第二,改变学习认知,刺激学习兴趣。第三,优化学习环境,平静个人心态,培养自我控制和监督能力。第四,加强心理训练,克服懒散毛病。

五、学习疲劳的防止和消除

(1)要端正学习目的,培养学习兴趣。人有了明确的学习目的,学习就有了动力。人在做自己愿意做、喜欢做的事情时,疲劳通常会来得晚一些、更轻微一些,并且能够保持较高的活动效率。

(2)要建立合理的作息制度,保证充足的睡眠。充足的睡眠可以使疲劳得到消除,一般认为,大学生每天睡眠时间不应少于 7 小时。

(3)要科学用脑,创造良好的学习环境。大学生在学习过程中要注意保护大脑,按照大脑活动的规律合理运用脑力,使大脑处于最佳的工作状态,最大限度地发挥大脑的功能。学习一段时间后应休息片刻,这不是在浪费时间,而是在补充精力。另外,充足的睡眠和适当的体育锻炼也是保持大脑营养和休息的有效手段。

六、考试焦虑的调整

考试焦虑的原因有个人的,也有家庭、学校、社会方面的。高职大学生的考试焦虑的个人因素,主要有个体在发展过程中的成熟水平;对考试性质的认知水平和把握能力;个人的应试技能和考试经验等。家庭的教育方式、期待水平、民主程度等对高职大学生的学习和考试都有着直接的、重要的、深远的影响。学校的考试方式、考试科目、考试时间及考试纪律制度,都会影响高职大学生考试焦虑的程度。个人、家庭、学校都是社会的组成部分,整个社会的价值取向、政府的教育政策与教育体制、社会的就业形势等,通过各种渠道影响到个体对考试的态度、认知和评价,进而影响高职大学生考试焦虑程度的高低。

考试焦虑虽然是一种暂时性的情绪状态,但它不仅会影响高职大学生在考场的正常发挥,进而影响他们今后的学习和生活,而且有可能发展成为焦虑性神经症。因此,对考试焦虑要有正确的认识,并积极防御和调整。

(一)考前焦虑的心理调整

(1)正确认识考试的功能。考试只是对自己学习状况的一种检测。人的一生中要经历无数次各种形式的考试,有无数次的机遇,一次考试的成败并不能决定人一生的命运。

(2)客观评价自己的能力。每个人的能力固然有高低之分,肯定有些人的能力比你强,但也有许多人的能力不如你,只要你已竭尽全力,便应问心无愧,完全不必去过分计较他人的评价。

(3)运用积极的心理暗示。学生在考试前应尽量给自己以积极的暗示,对出现的问题和困扰作换位思考,多给自己鼓励和自信,迎接考试的挑战。

(4)调整不当的期望目标。考试目标的不恰当,容易造成学生的自卑或者是自满,对于不当的期望目标,要给予及时的调整。

(5)做好迎考的准备工作。面临考试应充分相信自己平时的积累,放松精神,复习安排要劳逸结合,睡眠要充足。准备工作做得充分,可以消除考试焦虑,使学生情绪稳定,精神饱满,用微笑面对考试。准备工作是全面的、细致的,涉及考试的时间地点、学习文具、证件、考试科目,以及生理准备和心理准备等。而过于担忧自己的复习准备,会使大脑负荷过重,导致考试时大脑兴奋与抑制失调,影响正常的水平发挥。

(二)考中焦虑的心理调整

(1)稳定情绪,保持头脑清醒。考试中出现焦虑,可做积极的暗示,进行自我放松,尽量不受外界的干扰,从而使自己保持稳定情绪和头脑清醒。

(2)理顺思路,排除异常反应。考试中难免会出现异常情况,如试卷问题、记忆问题,考场纪律问题,身体不适等。此时,不要急于去解决,先要把情绪稳定,理出思路。

(三)考后失败的心理调节

(1)暂时忘却,转移注意。借助其他的人与事,暂时忘却考试的烦恼,改善自己的心情。

(2)吸取教训,自我激励。考试的失败不是人生的失败,应在失败中总结经验,引以为戒,把失败作为新的起点,给自己以激励和勇气。

(3)适当宣泄,磨炼意志。考试失败会感到很压抑,可以用恰当的方式予以发泄,但更多的是经历了考试失败,学生的意志品质得到磨炼。

第四章　怡情悦性：高职大学生的情绪问题探析

情绪是人在心理过程中所产生的内心体验和相应的行为反应，正因为有各种不同的情绪体验，我们的生活才会变得五彩斑斓。高职大学生正处于青春期，心理上正经历着急剧的变化，因此情绪波动较大，情绪体验极为丰富。情绪有良好情绪和不良情绪之分，良好的情绪可以对高职大学生的学习和生活产生积极的影响，不良的情绪则会让高职大学生产生一些心理障碍。因此，需要探析高职大学生的情绪问题，培养他们良好的情绪，这是高职大学生保持心理健康的重要途径。

第一节　情绪的内涵

一、情绪与健康情绪

（一）情绪的含义

情绪，广义上包括情感，是人对客观事物的态度体验以及相应的行为反应，狭义上指的是有机体受到生活环境中的刺激时，由于生物需要而产生的暂时的、较为剧烈的态度及其体验。要想更好地理解情绪的含义，可以从以下三个方面来进行分析。

首先，情绪是人对客观现实的反映，但它不是反映事物本身，而是反映了对该事物的态度。

情绪总是由客观事物引起的,离开了具体的客观事物,人不可能产生情绪和情感,世界上没有无缘无故的爱与恨,就是这个道理。例如,我们看到一位同学谈吐文雅,行为端庄,彬彬有礼,就会对其产生好感。尽管我们产生这种好感是因为这个同学本身,但是这种好感表现的是我们对于该同学的一种态度,是对其良好表现的一种个人体验和感受。

其次,认识是情绪产生的前提和基础。人们对客观事物的认识、评估是产生情绪的直接原因。换言之,没有对客观事物的认识,便不能产生任何的情绪。如上边提到的例子,正是因为该同学的言谈举止作用于我们的感官,使主体对这些表现产生了认识后,才产生了对这些表现的评价,在此基础上产生了对该同学的好感。即便是对同一事物,由于它在不同的条件、不同的时间出现,我们对其的认识、判断与评价也会不同,从而会产生不同的情绪和情感的体验。例如,我们在野外看到一只老虎会大惊失色,惊恐万分,而在动物园或马戏团看见老虎却无害怕之感。

最后,情绪的性质是以客观事物是否满足人的需要为中介的。人对客观事物的认识有不同的态度,从而产生了不同的情绪和情感。那么,这种态度又是由什么决定的呢?决定人们态度的是该事物是否符合主体的需要。如果该事物符合并满足主体的需要,就会对该事物持肯定的态度,产生满意、愉快、高兴的情绪体验;反之,如果该事物不符合、不能满足主体的需要,便会对该事物持否定的态度,产生不满、愤怒、痛苦、仇视等消极的情绪体验。如在上面提到的例子中,我们之所以对该同学产生好感,就是因为该同学的行为表现符合我们的心愿,与我们期望的行为规范相吻合,于是便产生了满意、喜欢、尊敬的情感。因此,对客观事物的不同态度取决于该事物对主体需要的满足程度,需要就成为客观事物与主观情感体验的媒介,从而也决定了人的情绪、情感的性质。

(二)健康情绪的含义

健康情绪是指个体情绪的发展、反应水平和自我调控能力与其年龄和社会对此的要求相适应,并为社会所接受。一般而言,情绪的目的性恰当、反应适度、不带有幼稚的、冲动的特征,符合社会规范的要求,就是情绪健康的标准。健康的情绪是健全人格的必要条件之一。

二、情绪的相关理论

关于情绪问题,心理学家们曾做了大量的理论和实验研究。下面介绍几种较有影响的情绪理论。

(一)詹姆斯—兰格的情绪外周理论

美国心理学家詹姆斯和丹麦生理学家兰格分别在1884年和1885年提出了与常识相反的理论。他们的基本观点是,当一个情绪刺激物作用于我们的感官时,我们的身体就会立刻随之产生一定的变化,这种变化会引起神经冲动,这种神经冲动传至中枢神经系统,情绪就随之诞生了。

詹姆斯认为,情绪是对身体变化的知觉,即当外界刺激引起身体上的变化时,我们对这些变化的知觉便是情绪。按照他的说法,人并不是因为愁了才哭、生气了才动手、怕了才发抖,而是相反,人是因为哭了才愁、动手了才生气、发抖了才害怕。兰格强调血液系统的变化和情绪发生的关系。他说植物性神经系统的支配作用加强,血管扩张,便产生愉快的情绪;植物性神经系统活动减弱,血管收缩,器官痉挛,便产生恐怖的情绪。

詹姆斯—兰格的情绪理论,阐明了情绪与机体变化的直接关系,这有其合理性的一面。但是,他们片面强调植物性神经系统的作用,忽视了中枢神经系统的调节控制作用,这在理论上引起了很多争议。

（二）坎农—巴德的情绪丘脑理论

坎农是美国生理学家，巴德是他的学生。1927 年，坎农率先对詹姆斯—兰格的理论提出质疑。坎农认为生理变化虽然是肯定的事实，但人单靠对生理变化的知觉很难分清是何种情绪。因为在很多情绪状态下，生理变化是一样的。例如“心跳加快”，恐惧时心跳会加快；愤怒时心跳也会加快；高兴时心跳还会加快。

而且，机体的生理变化受植物性神经系统的支配，变化比较缓慢，而情绪变化则相对快得多。使用某些药物（如肾上腺素）可引起生理变化，但并不影响情绪反应。

于是坎农于 20 世纪 30 年代提出了情绪丘脑理论。坎农认为，情绪的生理机制不在外周，而在中枢神经系统的丘脑。外界刺激作用于感觉器官，引起神经冲动，经感觉神经传至丘脑，激发情绪的刺激由丘脑进行加工，丘脑所产生的神经冲动向上传至大脑皮层，引起情绪的主观体验；向下传至交感神经系统，引起机体的生理变化，所以，身体变化和情绪体验是同时发生的。

坎农的理论得到巴德的支持和发展，故后人将这一理论称为坎农—巴德丘脑情绪理论。坎农、巴德发现了丘脑在情绪发生中的作用，驳斥了詹姆斯—兰格的情绪外周理论，提出了情绪的中枢理论，是对情绪理论的发展。但是这一理论忽视了外因变化的意义，也忽视了大脑皮层对情绪发生的作用，也是有缺陷的。

（三）斯凯特—辛格的情绪认知理论

美国心理学家斯凯特、辛格认为，情绪来自于认知。一方面是对刺激情境性质的认知；另一方面是对自己身体生理变化的认知。

他们的实验研究表明，生理变化在情绪的发生中肯定是会出现的，但对情绪体验来说不是决定性的，决定性的因素是对外界刺激和对身体变化的认知。斯凯特和辛格将认知因素纳入对情绪发生的解释，这对情绪的认识又是一个进步。

三、情绪的分类和状态

(一)情绪的分类

情绪的纷繁多样使它的分类成为一个复杂而困难的问题。据我国古代名著《礼记》记载,人的情绪有“七情”分法,即喜、怒、哀、惧、爱、恶、欲。《说文》有354个描述人的情绪的字,按释义可分为18类,如安静、喜悦、悲痛、忧愁、愤急、烦闷、恐惧、惊骇、恭敬、憎恶、贪欲、嫉妒、傲慢、惭愧、耻辱等。

近年来,西方有心理学流派认为,情绪分为基本情绪与复合情绪,基本情绪是先天形成、不学而能的,在人的幼年时期就已形成,带有先天遗传的因素。复合情绪是在基本情绪基础上,两种以上的基本情绪的混合。

根据情绪的性质和内容,现代心理学关于情绪的研究,把快乐、愤怒、恐惧、悲哀作为人的基本情绪形式。

1.快乐

客观事物满足了人的需要后产生的情绪体验就是快乐。例如,饥饿时得到食物,或者经过努力取得好成绩,都会让人产生这种积极愉悦的情绪体验。根据得到满足的需要程度不同,快乐的程度也有区别:满意、愉快、特别愉快、狂喜。

2.愤怒

愤怒是与快乐相反的一种情绪体验,是一种消极的情绪体验,是当人的需要得不到满足或者个体的目标不能实现甚至严重受阻而导致的一种情绪体验。例如,一位同学在休息时间在宿舍大声喧哗,影响了其他同学休息,从而使得同宿舍的同学产生一种不满的情绪。一般把愤怒分为:不满、生气、愠、怒、大怒、暴怒。

3. 恐惧

恐惧是指个体企图摆脱、逃避某种情景或事件而又无能为力时所产生的情绪体验。例如,人在遇到地震、海啸、空难时所产生的情绪体验就是恐惧,引起恐惧的根本原因是缺乏对可怕事件的处理能力。

4. 悲哀

悲哀是个体在得不到期望的、追求的东西或结果时所产生的情绪体验。例如,失去亲人所带来的悲伤。一般把悲哀的程度分为:遗憾、失望、难过、悲伤、悲痛。

(二)情绪的状态

情绪状态是指在某种事件或情境的影响下,在一定时间内所产生的某种情绪,其中较典型的情绪状态有心境、激情和应激三种。

1. 心境

心境是一种比较微弱而又深入持久的情绪状态。心境具有弥漫性,它不是关于某一事物的特定体验,而是以同样的态度体验对待一切事物。心境并不强烈,没有明显的生理和外部行为的过激反应,因此,常常被人们忽略。

心境的持续时间有很大差别,有的可能持续几小时,有的可能持续几周、几个月或更长时间。一种心境的持续时间依赖于引起心境的客观刺激的性质,如失去亲人往往使人产生较长时间的郁闷心境。一个人取得了重大的成就,在一段时间内会处于积极、愉快的心境中。心境产生的原因是多方面的,生活中的顺境和逆境、工作中的成功或失败、人与人之间的关系是否融洽、个人的健康状况、自然环境的变化等,都可能成为引起某种心境的原因。人的世界观、人生观、价值观、理想和信念决定着心境的基本倾向,对心境有着重要的调节作用。

高职大学生要努力使自己保持积极的心境,及时去除消极心境,这对于工作、学习和生活来说都是非常重要的。

2.激情

激情是一种强烈的、爆发性的、为时短促的情绪状态。这种情绪状态通常是由对个人有重大意义的事件引起的。成功之后的狂喜、惨遭失败后的绝望、亲人突然死亡引起的极度悲伤、突如其来的危险所带来的异常恐惧等,都是激情状态。

激情状态往往伴随着明显的生理变化和明显的外部行为表现,如盛怒时全身肌肉紧张,双目怒视,怒发冲冠,咬牙切齿,紧握双拳等;狂喜时眉开眼笑,手舞足蹈。极度的恐惧、悲痛和愤怒,可能导致精神衰竭、晕倒、发呆,甚至出现所谓的激情休克现象。有时表现为过度兴奋、言语紊乱、动作失调。但是激情并不总是消极的,在竞赛中,激情具有鼓舞作用,可以增强选手的耐力和爆发力;在爱情中,激情具有催化作用,可以激发人们的活力,为生活增添光彩。

在激情状态下,个体往往出现意识狭窄、认知活动的范围缩小、理智分析问题的能力受到限制、不能正确评价自己的行为等情况,甚至做出一些鲁莽的行为或动作。《儒林外史》中的范进中举之后的状态就属于一种激情状态。有人用激情爆发来解释自己的错误,认为“激情时完全失去理智,自己无法控制”,这种说法是不对的。人能够意识到自己的激情状态,也能够有意识地调节和控制它,因此,任何人对在激情状态下的失控行为造成的不良后果都是要负责任的。

在激情发生的最初阶段,应该有意识地进行控制,让自己保持平静的状态。

3.应激

应激指人对某种意外的环境刺激所做出的适应性反应。在英文中,应激与紧张这两个词都是“stress”,但是两个词的含义略有区别,应激主要是指应激源所引起的机体的超负荷状态,而紧张是指在超负荷状态下引起的行为反应,紧张是应激的外在表现。

人们在遭到某种危险或面临某种突发事件时,必须集中自己的智慧和经验,动员自己的全部力量,迅速做出选择,采取有效的行动,此时,人的身心处于高度紧张的状态,即为应激状态。例如,飞机在飞行中,发动机突然发生故障时,驾驶员紧急与地面联系着陆;正常行驶的汽车意外发生故障时,司机紧急刹车等,在这些情况下人们所产生的一种特殊、紧张的情绪体验,就是应激状态。在应激状态下,人的身体各系统受到紧急动员,肾上腺激素分泌增加,心跳加快,血压升高,呼吸急促,肌肉紧张,各部分积极行动起来去应对眼前的危险。

应激的生理反应和心理反应有的时候是在同一时间表现出来的,二者是相互作用相互影响的,如果长期得不到调节,很容易引起身心疾病。

四、情绪的表现和功能

(一)情绪的表现

1. 生理变化

情绪变化引起生理反应最敏感的表现是血液循环系统、呼吸系统、消化系统和内分泌系统的变化,从而导致人体的一系列变化。情绪的生理反应往往表现为交感神经兴奋的特征。

例如,愉快的情绪可以使我们激动,内脏和皮肤血管扩张导致脸红、潮热等;相反,恐惧和愤怒时,人的呼吸的频率是正常时的两倍以上,也就是呼吸急促,如果是突遇惊恐还会造成呼吸中断和停止,紧张和突发的情绪还会带来身体的痉挛。当情绪处于悲伤和焦虑时，肠胃功能减退，会导致食欲不振、厌食等。当情绪紧张、惊慌愤怒时唾液停止分泌，口干舌燥，气息紊乱，呼吸急促，我们会感觉手脚出汗，发冷，嘴唇变白或发青等。

因此，情绪与人们的生理健康有着密切的联系，不良的情绪往往能够引发一些生理上的疾病，积极的情绪则为我们带来生理上的愉悦和快乐。

2.表情变化

面部表情是人类的基本沟通方式，也是情绪表达的基本方式。面部表情有泛文化性，同一种面部表情会被不同文化背景下的人们共同承认和使用，以表达相同的情绪体验。一般来讲，个体在不同情绪状态下，颜面各个部位的变化特点各不相同。例如，愉快时眼睛眯小、两眼闪光、额眉舒展、鼻孔扩张、嘴角上翘；悲哀时两眼无光、额眉紧缩、嘴角下拉；恐惧时两眼呆滞、鼻孔收缩、张口结舌；愤怒时两眼圆睁、双眉倒竖、咬牙切齿；厌恶时双目斜视、鼻子竖起、嘴角微撇等。面部表情识别的研究还发现，最容易辨认的表情是快乐、痛苦，较难辨认的是恐惧、悲哀，最难辨认的是怀疑、怜悯。一般来说，情绪成分越复杂，表情越难辨认。

3.体态变化

人类的不同情绪还体现在体态语言上，即平时所讲的肢体语言。在日常生活中，我们常常会看到一些人不苟言笑，我们无法判断他们的情绪状态，但人类的体态语为我们提供了辨识情绪的信号。肢体语言主要是通过我们身体的动作来传达情绪的信息，主要是我们的手和脚，如我们在高兴和兴奋时就会手舞足蹈，狂喜时会捧腹大笑；惆怅时仰天长叹；紧张时手足无措；尊敬、虔诚时肃立低头；气愤时摩拳擦掌；等等。人类使用的肢体语言可以说是极其丰富的，学会从他人的肢体语言中识别情绪状态，是人类的一项重要技能。

4. 语言变化

语言是人类沟通思想的工具,同时,语音的高低、强弱、抑扬顿挫等,也是表达说话者情绪的手段。例如,一个人高兴时,讲话会语调高昂、节奏轻快;而悲伤时,讲话语调低沉,节奏缓慢;气愤时声音较大,音量也较高,发音清晰短促。

一般而言,人们只要观察对方的各种表情,就可以了解其主观感受和思想意图。但是,由于人类的情绪具有一定的社会性,人们可以有意识地调节或控制自己的表情,有时甚至会掩盖或隐藏自己的真情实感。所以,在识别他人情绪时,应把生理、表情、体态和语言的变化联系起来。

(二)情绪的功能

在人类生活中,情绪具有重要的功能,主要分为以下几个。

1. 情绪的适应功能

情绪是有机体适应生存和发展的一种重要方式,如动物遇到危险时产生害怕情绪,从而发出呼救信号,就是动物求生的一种手段。婴儿出生时,还不具备独立的维持生存的能力,在这个时候,他们主要依赖情绪来传递信息,与成人进行交流,得到成人的抚养。成人也正是通过婴儿的情绪反应,及时地满足婴儿的各种需求。

在成人的生活中,情绪直接反映着人们生存的状况,是人们心理活动的晴雨表,如愉快表示处境良好,痛苦表示处境困难,恐惧有逃避威胁、自我保护、物种延续的进化意义,愤怒有保护领地和资源不被侵犯的进化意义。积极情绪提示环境中无危险威胁,尽可以放松,利于他人建立亲密、合作关系,创造、获取生存资源。除了生存意义,人们还通过情绪进行社会适应,如用微笑表示友好,用人情维护人际关系,通过察言观色了解对方的情绪状况,以便采取相应的措施等。也就是说,人们通过各种情绪了解自身或他人的处境与状况,适应社会的需要,求得更好的生存和发展。

2.情绪的调控功能

情绪对于人们的认知过程具有影响作用,有积极作用,也有消极作用。大量的研究表明,适当的情绪对于人的认知活动具有积极的促进功能,不当的情绪则对人的认知活动有消极的瓦解功能。

(1)促进功能

1980年,心理学家叶克斯和道森通过动物实验发现,随着课题难度的增加,动机的最佳水平有逐渐下降的趋势,表现为一种倒"U"形曲线,这种现象称为叶克斯—道森定律。后续对人类进行的研究则证明:个体智力活动的效率与其相应的焦虑水平之间存在着一定的函数关系,即随着焦虑水平的增加,个体积极性、主动性以及克服困难的意志力也会随之增强。焦虑水平对效率可以起到促进作用,当焦虑水平为中等时,能力发挥的效率最高;而当焦虑水平超过了一定限度时,过强的焦虑对能力的发挥又会产生阻碍作用。

(2)瓦解功能

情绪对认知活动的消极影响主要体现在不良情绪对认知活动功能的瓦解上。一些消极情绪,比如恐惧、悲哀和愤怒,会干扰或者抑制认知功能。考试焦虑就是一个典型例子。考试压力越大,考生考砸的可能性就越大。一个人在处于悲伤状态的时候,其注意力就会不集中,进而影响其工作学习状态。

由此可见,情绪的调控功能是非常重要的。情绪的好坏和唤醒水平会影响人们的认知操作效能。

3.情绪的激励功能

情绪能够以一种与生理性动机或社会性动机相同的方式激发和引导行为。

情绪对于高职大学生的学业和人际关系有着举足轻重的影

响。当自己的情绪积极乐观时,学习的效率倍增,而当自己的情绪低迷、忧郁或是烦躁不安时,学习往往也是一团糟。一个人再聪明,但如果没有一个好的心态,他的能力也无法得到有效发挥,而一个良好的心态,正是一个人最大限度地发挥自己的能力的基础和前提。不同的情绪状态会直接影响我们的人际关系状况。积极健康的情绪有助于人际交往;相反,情绪焦虑、抑郁、冷漠或者处在应激状态都会影响我们的社会行为,从而影响人际关系。

4.情绪的健康功能

情绪对健康的影响作用是众所周知的。积极的情绪有助于身心健康,消极的情绪会引起人的各种疾病。我国古代医书《内经》中就有“怒伤肝,喜伤心,思伤脾,忧伤肺,恐伤肾”的记载。有许多心因性疾病与人的情绪失调有关,如溃疡、偏头痛、高血压、哮喘、月经失调等。有些人患癌症也与长期心情压抑有关。

愉快的情绪还能使整个机体的免疫系统和体内化学物质处于平衡状态,从而增强对疾病的抵抗力。据说英国著名化学家法拉第,在年轻时由于工作紧张,神经失调,身体虚弱,久治无效。后来,一位名医给他做了详细检查,没有开药方,只留下一句话:“一个小丑进城,胜过一打医生。”法拉第仔细琢磨,觉得有道理。从此以后,他经常抽空去看滑稽戏、马戏和喜剧等,并在紧张的研究工作之后,到野外和海边度假,调剂生活情趣,以保持心境愉快,结果活了 76 岁,为科学事业做出了很大贡献。有人调查发现,几乎所有长寿老人平时都非常愉快,并且长期生活在一个家庭关系亲密、感情融洽、精神上没有压力的环境中。

5.情绪的组织功能

情绪是一个独立的心理过程,对其他心理活动具有组织的作用。这种作用表现为积极情绪的协调作用和消极情绪的破坏、瓦解作用。中等强度的愉快情绪,有利于提高认知活动的效果。而消极的情绪如恐惧、痛苦等会对操作效果产生负面影响,消极情绪的激活水平越高,操作效果越差。

情绪的组织功能还表现在行为上,当人们处在积极、乐观的情绪状态时,易注意事物美好的一面,其行为比较开放,愿意接纳外界的事物。而当人们处于消极的情绪状态时,容易失望、悲观、放弃自己的愿望,有时甚至产生攻击性行为。

五、高职大学生情绪发展的特点

(一)丰富性和复杂性

从自我意识的发展看,高职大学生的自我体验、自我尊重的需要强烈,易产生自卑、自负等情绪;从社交看,高职大学生的交往范围日益扩大,同学、朋友及师长之间交往频繁,有的高职大学生开始了恋爱,情绪表现得更细腻、更复杂;从个人定位看,高职大学生通过各种活动了解社会,学习社会的道德规范,对自己的身份、角色、志向、价值等问题有了更深入的思考,理智感、美感、集体荣誉感等高级情感也有所发展。

当然,这些丰富的情感在表现形式上复杂多样,呈现出外显和闭锁、克制和冲动交错的特征。

(二)稳定性和波动性

高职大学生的情绪情感日趋稳定,对于事、物、行为的情绪情感反应能持续较长时间;对他人的情绪情感依赖和联结具有一定倾向性和专一性,互相以此确立身份并获得心理认同的情绪情感共识。这是因为随着他们自我意识的发展和世界观的基本形成,其情感倾向日渐稳定。

高职大学生情绪的波动性是相对成年人来说的,由于大学生的人生观、价值观还未完全定型,认知能力还有待提高,大学生的情绪活动往往强烈而不能持久,情绪活动随着认知标准的改变而改变。主要表现为情绪变化比较频繁,遇事比较容易冲动,考虑问题也比较容易走向极端。与此同时,学习成绩的好坏,同学关系的好坏,恋爱和考试的成败等,都会引起高职大学生情绪的波动。

(三)理智性和冲动性

高职大学生随着知识水平的提高、思想内涵的丰富,在情绪反应上较隐晦。他们已具备在一定的情景下控制自己的愤怒、悲伤等情绪的能力,形成外在表现和内心体验不一致的特点。他们会根据一定的条件来表达情绪,如对一件事情或对某人明明是厌烦的,但由于种种原因,可能表现出较好的或不在意的态度。对于比较强烈的情绪反应也可以进行适当的调适。

同时,高职大学生处于青春期,对各类事物都比较敏感,精力也比较旺盛,他们的情绪具有强烈性、爆发性和易激动性的特点,即"冲动性"。高职大学生可能因为一个不经意的玩笑或一件小事而大打出手,造成伤害。大学生之间发生的打架斗殴的事件大多如此。

(四)外显性和内隐性

处于青春期的高职大学生遇事反应强烈,对外界的刺激反应敏感、迅速,情绪情感写在脸上、言在嘴上、发在行为中。喜怒哀乐、爱恨情仇的表现都很具体。但是也有一些高职大学生经常会有意识地掩饰自己的真实情绪,这是由于大学生自我意识增强或心理闭锁意识增强引起的。他们一般不肯轻易吐露真情,心中的真实想法是否要说取决于时间和对象。

(五)阶段性和层次性

高职大学生情绪的发展呈现出明显的阶段性和层次性的特点。一方面,随着年龄的增长、知识的积累和阅历的增加,不同年级的大学生各有特点;另一方面,同一年级的大学生由于成绩、能力等方面的差异,也表现出不同层次的情绪和情感特点,两者交织共存。

科学认识高职大学生情绪发展的特点,有助于准确把握他们的心理和行为,调适不良情绪,促进良好情绪和情感的培养。

六、高职大学生健康情绪的标准

(一)健康情绪的标准

情绪作为心理活动的重要组成部分,与个体的学习、生活以及身心健康等都有莫大的关联。健康的情绪能够提高学习和工作效率,促进个体身心健康;而不健康的情绪则会使个体的学习、工作效率大打折扣,还会诱发各种身心疾病。因此了解健康情绪的含义、特征及标准,对大学生维护和调节情绪至关重要。一般来说,健康情绪应当符合以下两个标准。

第一,情绪有适当的原因。对于情绪健康的人,情绪反应无论是积极的还是消极的,都是由一定的原因引起的。这个原因不仅当事人能够觉察到,他人也能够觉察到、并赞同当事人对情绪产生的解释。

第二,情绪反应强度适中。情绪反应的强度应和引起它刺激的大小以及引起它的情境相适应,过于强烈或淡漠的情绪反应都不是健康的情绪反应。

(二)高职大学生健康情绪的基本标准

对于高职大学生来讲,情绪健康主要表现为:情绪的基调是积极、乐观、愉快、稳定的,对不良情绪具有自我调控能力,情绪反应适度;高级的社会情感(理智感、道德感、美感等)能得到良好的发展。具体而言,高职大学生情绪健康的基本标准主要有以下四个方面。

1.情绪的基调是积极、乐观的

消极情绪在日常生活中是无法避免的,但是从总体上讲,高职大学生应当能在较长时间内保持积极的情绪,如热情、乐观、愉快,对自己、对生活充满信心,这是情绪健康的重要特征。高职大学生积极、乐观、稳定的情绪特征具体表现为关心社会生活的变化,关心国际国内大事,对生活有强烈的兴趣。积极参与社会生活,乐于参加各类活动,努力克服各种困难,追求积极向上的生活目标,在奋斗中体验到快乐。如果一个高职大学生感到生活空虚、无聊、没有意义,从而对生活产生厌倦,这同样是情绪不健康的表现。

保持乐观而稳定的心境既有赖于长期教育的培养,也有赖于个体随时有意识地调节与控制。高职大学生应学会在悲痛时自我缓解,忧愁时自我劝解,焦虑时自我宽慰,愤怒时自我控制。

2.情绪反应适时适度

情绪健康者的情绪反应是由适当的原因引起的,情绪反应的强弱和引起该情绪的情景相符合。既不反应过度,也不是冷漠麻木和毫无反应。高职大学生处于青年期,具有青年人的情绪特点。青年人情绪反应的敏感性和反应强度一般高于成人,他们在遇到让人兴奋的事情,如自己喜欢的球队获得比赛胜利时,更容易比成年人激动。但是,如果高职大学生的情绪反应既与现实不符,也与同龄人的情绪表现不符,表现出类似儿童的幼稚、冲动而缺乏自控能力,则是情绪不健康的表现。

3.情绪稳定性好,善于调节和控制情绪

情绪稳定表明个人的中枢神经系统活动处于相对的平衡状况,反映了中枢神经系统活动的协调性。一个人情绪经常很不稳定,变化莫测,是情绪不健康的表现。处于青春期的高职大学生是情绪容易激动的时期,而且容易产生一些过激行为。随着年龄的增长、认识水平的不断提高和自我意识的发展,他们对情绪进行自我调节与控制的能力增强,既能调节情绪,又能适度宣泄,不过分压抑,使情绪的表达既符合社会要求,又符合自身的需要,在不同的时间和场合恰如其分地表达情绪。

4.高级社会情感发展良好

道德观、罪过感、集体感、爱国感、利他主义、理智感、美感等高级情感活动在大学时期开始对高职大学生的情绪产生明显的影响,左右其情绪反应。例如,高职大学生部分确立了道德、正义观念,当出现与之不符的观念与行为时,他们通常会感到自己犯有过错,感到痛苦,出现严厉的自我谴责,情绪体验极端痛苦。大学时期社会情感的发展决定了大学生情感教育的重要性。高职大学生的社会性情感在良好教育的影响下获得充分发展。他们朝气蓬勃,勇往直前,珍视友谊,向往美好的爱情,道德感、理智感和美感的发展均趋于成熟,并在情绪生活中占据主导地位。

第二节　高职大学生常见的情绪问题

一、高职大学生常见的不良情绪

(一)抑郁

抑郁是高职大学生常见的情绪问题,是高职大学生感到无力应付外界压力而产生的一种消极情绪。它是一种低沉、灰暗的情感基调,可从轻度心情烦闷、消沉、郁郁寡欢、状态不佳、心烦意乱、苦恼、忧伤到悲观、绝望。抑郁者常觉得生活没有意思,高兴不起来,心情沉重,提不起精神,做事缺乏动力,对外界的兴趣减退或消失,自信心下降。严重的则整日忧心忡忡、胡思乱想、郁郁寡欢、度日如年、痛苦难熬、不能自拔、思维变迟钝甚至动作变迟缓,有时还有自杀的念头或行动,值得重视。抑郁是不少高职大学生在遇到各种意外事件的刺激之后心理上无法承受这种压力而形成的情绪反应。

（二）焦虑

焦虑是一种伴随着某种不详预感而产生的令人不愉快的消极情绪，焦虑是十分复杂的。焦虑可以减弱人的体力、精力，干扰人的正常活动的情绪体验。它使人烦躁不安，类似恐惧，但程度不太强烈。焦虑是高职大学生常见的不良情绪和心理障碍，高职大学生焦虑情绪的主要表现有以下几个方面。

第一，适应困难焦虑。有的大学生不能正视大学所遇到的学习和生活方面的困难而产生焦虑，如有的学生为了保持自己原有的优势，千方百计和来自各方的众多"尖子生"进行竞争和比赛。结果负于强手，在心理上出现了自责、自卑和难以服气的精神压力，于是背着沉重而又紧张的思想包袱，也自然产生害怕失败的焦虑情绪。在生活上，由于之前都是父母帮助他们料理生活方面的事，进入大学之后需要自己料理一些，高职大学生由此产生了不知如何是好的焦虑。

第二，考试焦虑。考试焦虑是指高职大学生不能正确对待考试，总是担心自己考的不好或者渴望得到更好的分数而产生的情绪。主要表现为紧张恐惧、无精打采、心烦意乱。严重者记忆力减退、注意力不集中、学习效率低下。

第三，毕业焦虑。当今社会，在市场经济条件下，人才竞争十分激烈。教师、父母或朋友对高职大学生的过高要求，是造成高职大学生产生毕业焦虑的重要原因。

第四，关注身体健康的焦虑。高职大学生因为学习紧张和脑力劳动较多，有的会出现失眠、疲劳以及其他一些疾病，当对这些情况过分关注的时候，就有可能导致焦虑的产生。也有的学生，因为沉迷于网络世界和电脑游戏之中，以致睡眠不足和营养不良，身心需要的能量得不到及时的补充和缓冲，也同样会陷入焦虑之中。

(三)自卑

自卑是一种因过多地自我否定而产生的自惭形秽的情绪体验。每个人或多或少地都有自卑感,但如果人的自卑程度较深,影响了自己的正常工作和学习,就需寻求心理咨询师的帮助了。自卑的意思是低估自己的能力,觉得自己各方面不如人。自卑,可以说是一种性格上的缺陷。表现为对自己的能力、品质评价过低,同时可伴有一些特殊的情绪体验,如害羞、不安、内疚、忧郁、失望等。

高职大学生产生自卑的原因是多方面的。由于来自全国各地,不同地区的文化差异、生长环境、自身条件等使大学生在知识面、语言表达能力、接受能力、交际能力等方面存在差异。在这些客观条件基础上,加上大学生自我意识不断发展和个性因素,对自己的外貌、能力、自我价值、个性品质等方面,以及别人对自己的评价有了更多的关注,有些大学生对自己的评价过低,就会产生自卑心理。

高职大学生自卑的表现方式是多样化的,具体表现在以下几个方面。

第一,自我评价过低。表现在对自己的生理条件,如外貌、身高等,以及对学习、交往等各方面能力的评价过低,认为自己不如别人,但客观实际情况不一定是这样的。

第二,过分概括化或泛化性的认识,即由于某个方面的原因造成的自卑情绪而泛化到其他方面。例如,某大学生由于身材不好引起自卑,由此推而广之,认为自己各个方面都不如别人。

第三,敏感性和掩饰性。自卑的大学生往往对自己的不足和别人对自己的评价很敏感,常常把别人与自己无关的言行看成对自己的轻视。由于担心自己的缺陷被人知道,因而常加以掩饰或否认,有时表现出较强的虚荣心。常常回避与人交往,把自己禁锢起来,从而产生孤独感体验,容易形成闭锁性的性格。

(四)冷漠

冷漠是一种对外界刺激漠不关心、冷淡、退让的消极情绪体验。它包括缺乏积极的认识活动意向减退、情感冷漠、意志衰退、思维停滞等。

高职大学生的冷漠一般表现为三种:第一种,角色性冷漠。大学生(尤其是差生)在学校或班级各项活动中不能进入预定的角色情绪,出现角色失落和角色冷漠。第二种,倦怠性冷漠。由于长期受片面追求升学率的影响,广大学生在枯燥乏味的学生生活中,容易滋生疲劳、厌烦、倦怠心情。第三种,忧郁性冷漠。高职大学生学生对所处现实和自身的境遇不满,产生严重的心理失落感,在高职大学生群体中,表现为精神萎靡、郁郁寡欢、缺乏自信。

冷漠状态对高职大学生的身心危害极大,它往往是个体压抑内心愤懑情绪的一种表现。他们表面冷漠,内心却痛苦、孤独、寂寞和不满,有强烈的压抑感,由于没有宣泄途径,巨大的心理能量无法释放,便会破坏心理平衡,导致各种疾病和心理障碍产生。

导致部分高职大学生情感冷漠的原因很多。当他们开始独立探讨生活意义的时候,学校却未能让学生感受到生活的热烈气氛,这或许是一个重要原因。另一方面,近年来,学校只重视对学生进行知识和能力的培养,而忽视了对学生进行爱的教育、感恩的教育。面对冷漠不能听之任之,而应积极行动起来,分析自己产生冷漠的原因,找出症结,勇敢面对。

(五)愤怒

愤怒是由于客观事物与个体的主观愿望相违背,或愿望一再受阻、无法实现时,个体内心产生的一种激烈的情绪反应。程度可以从不满、生气、愠怒、激愤到暴怒。心理学研究表明,愤怒这一消极情绪体验对人的身心有着极其不利的影响,它会引发心律失常、心悸、高血压、胃溃疡等躯体疾病,还会让人减弱或丧失自制力,甚至做出一些让人后悔的蠢事或造成不可挽回的局面。事实证明,当人们认为自身所遭受的挫折不公正不合理的时候,或者觉得自己被恶意中伤、冤枉的时候,非常容易产生愤怒情绪。

高职大学生正处于身心发展急剧、情绪波动较大的青年时期,精力充沛、血气方刚,在情绪发展上往往好激动、易发怒。在日常生活中,有些高职大学生因为一些鸡毛蒜皮的小事就大动肝火、怒气冲天。有的高职大学生因一句刺耳的话或一件不顺心的小事而暴跳如雷;有的因人际关系受阻而怒不可遏、恶语伤人;有的因别人的观点或意见与自己相左而恼羞成怒;有的因暂时挫折或失败而悲观失望、"破罐子破摔"。愤怒已然成为校园暴力事件发生的原因之一。一些高职大学生动怒是因为头脑中有着错误的认识,以为发怒可以震慑别人,可以维护自己的尊严和利益。

此外,不良的家庭环境和教育、个性、修养方面的缺陷以及先天的气质也是一些高职大学生冲动易怒的重要原因。

(六)嫉妒

嫉妒是指由于他人在某些方面胜过自己所引起的不快甚至是痛苦的情绪体验。嫉妒对人的心理健康不利:一方面嫉妒会破坏人际关系的和谐;另一方面嫉妒会造成个人的内心痛苦。一个嫉妒心强的人,常常陷入苦恼之中不能自拔。

嫉妒是高职大学生中普遍存在的不良情绪,嫉妒在高职大学生中有以下几种表现形式:嫉妒别人在学习上的优秀;嫉妒别人在感情上的顺利;嫉妒别人仪表上的出众;嫉妒别人在政治思想上的进步;嫉妒别人在社交上的活跃,等等。

二、高职大学生产生不良情绪的原因

引起高职大学生不良情绪的原因主要体现在遗传、环境和认知三个方面。

(一)遗传原因

遗传对情绪的影响主要表现在人的神经类型上。人的神经类型是在遗传的基础上,通过后天环境和教育长期影响而形成的。遗传决定大脑皮质神经元的结构不同,尤其是树突表面存在的树突棘,扩大了信息传递面积。个体在早期受到丰富有益的环境刺激有利于其神经类型的形成。但总的来看,遗传的作用大于环境的作用,有研究指出神经类型的遗传度高达90%。不同神经类型的人在情绪体验上存在较大差异。

(二)环境原因

1.家庭原因

家庭经济状况、家庭教养方式、成员关系及其变更都会冲击高职大学生脆弱的情绪。一些贫困大学生由于经济困难,承受着巨大的来自生活和学业的双重压力,容易出现自卑情绪,并较多地出现焦虑和抑郁情绪。

2.学校原因

目前高等教育还有应试教育的痕迹,因此缺乏对人全面潜能的重视和开发。同时,如今的校园文化日益多元化,各种思想、观念交锋激烈,因此,在这一环境中,高职大学生的情绪面临更多的挑战。

3.社会原因

由于我国社会的应试教育体制,以及由高校大量扩招而带来的社会就业市场竞争加剧、就业困难等问题,增加了高职大学生的心理压力和产生心理障碍的概率。

(三)认知原因

对于同一件事情,不同的人有不同的认知与态度,因此就产生了不同的情绪体验。高职大学生在面临学习环境的改变、学习任务的适应问题、理想与现实的冲突问题、人际关系冲突等问题时,由于认识偏差,往往容易导致各种心理冲突和负面情绪。片面的认知方式是错误的观念,是个体产生焦虑、抑郁、自卑等不良情绪的根本原因。因此,同学们应对自己在学习生活中所面对的问题与挑战做出正确认知评价,增进积极性,并由此产生积极行为,尽量减少消极情绪与消极行为。

第三节 高职大学生常见情绪问题的解决策略

一、改变对情绪的错误认知,消除误解

关于情绪,人们大多有以下几个误解。

第一,不良情绪是不好的。人们经常用来安抚情绪的一句话是"不要哭,不要难过",其实,这句话在很大程度上表明了人们对于情绪的看法,即人们认为哭是不好的,不哭才是坚强。说明人们不希望拥有负面情绪,希望自己可以一直保持积极向上的心态。

但是在事实上,情绪是个信号灯,是在提醒和推动我们去了解、反省自身或他人的处境和状态,以便更好地适应环境、生存和发展。尤其当人们遇到对自己有重大影响的事件时,出现难过、伤心、愤怒等情绪都是正常的。恰当的态度是接纳自己的情绪、真实地面对情绪,这时身边的人也会收到你发出的信息,知道你正处于困难之中,需要他人的帮助。

第二,对于不良情绪要进行压抑。压抑是一种心理防御机制,通过把那些危险或痛苦的想法、感觉排除在感知系统外,帮助人们控制在某些情境中产生的内疚感和焦虑感。尽管压抑会暂时帮助我们应对困难,但是与此同时,压抑也将这种压迫感封闭

起来。这种以压抑隐藏自己的情绪而维护个人形象,或是顺从权威、保持人际关系稳定的做法,或许会换来一时的安定,但是长此以往,有可能出现身心问题。现实主义疗法的创始人、精神病学家威廉·格拉瑟认为,身心疾病是一个创造的过程,在没有查清身体原因的慢性疾病中,我们的身体通过进行创造性的斗争来满足我们的需要。研究发现,很多身心疾病都是不良情绪造成的。长期压抑自己的情绪,不仅容易患上偏头痛、胃溃疡、癌症等疾病,而且可能导致各种精神疾病的发生。

对情绪表达的抑制还表现在性别的差异上:对于男性而言,很多国家的文化里并不提倡男性通过哭泣或其他消极方式表达悲伤等情绪,因为这样的表现会使男性显得软弱、无能;对于女性而言,尤为明显的情绪抑制,表现在不提倡女性表达愤怒的情绪上,在很多国家,表达愤怒的女性通常与无教养、低素质相挂钩。实际上,某些文化给个体身上强加的符号使得我们无法正常表达自身的情绪,而这样的做法其实极其不利于我们的成长。

第三,认为情绪不重要。生活中,有些人常忽视情绪的存在,他们认为,人根本不应该有什么情绪,情绪也是不重要的。这类人可能过度强调主观意志,对情绪采取不管不顾的态度。从短时间来看,也许可以迫使人们把注意力放到工作上,但实际上,过多的情绪已经让人们无法专心工作。这时候,应该暂时放下手边的工作,让自己放松下来。只有当心情变得舒畅起来,效率才可以提高。

高职大学生应该消除这几种误解,对情绪有一个正确的认知。不要视情绪为敌人,而要主动去认识、了解并体验自己的情绪。既要学习、增加并积累积极的情绪,又要接纳并处理好负面情绪。负面情绪具有重要的价值,如痛苦是受创后的解毒剂,恐慌是面临危险时的信号,内疚则能使人不再犯同一错误。同时,在"心乱如麻"和"不知所措"之类的情绪冲动时人很难做出高质量的决策,这时要"先处理情绪,再处理问题"。情绪先行,情绪缓解或变好了,对问题的思考才能周密。所以,在面对负面情绪时要先坦然接纳并体验,然后再想办法采取建设性的方式去解决问题。

二、掌握调控不良情绪的方法

(一)转移注意力法

注意力转移法就是把注意力从引起不良情绪反应的刺激情境转移到其他事物、其他活动上去的自我调节方法。当出现情绪不佳的情况时,要把注意力转移到使自己感兴趣的事上去,如外出散步,看看电影、电视,读读书,打打球,下盘棋,找朋友聊天,换换环境等,有助于使情绪平静下来,在活动中寻找到新的快乐。这种方法,一方面中止了不良刺激源的作用,防止不良情绪的泛化、蔓延;另一方面,通过参与新的活动特别是自己感兴趣的活动而达到增进积极的情绪体验的目的。

(二)自我暗示法

自我暗示又称自我肯定,是对某种事物积极的叙述。主要是让我们用一些更积极的思想和概念来替代我们过去陈旧的、否定性的思维模式。自我暗示可以默不作声地进行,也可以大声地说出来,还可以在纸上写下来,更可以歌唱或吟诵。实践证明,积极的自我暗示可以对人的不良情绪和行为有奇妙的影响和调控作用,既可以松弛过分紧张的情绪,也可以激励自己。

(三)合理宣泄法

合理宣泄又可以分为以下几种。

1.哭泣性宣泄

这种方法是通过号啕大哭或偷偷流泪的方式将消极情绪宣泄出来。科学研究表明,流泪能将人体内导致情绪压抑的化学物质排除,从而使不愉快的情绪得到缓解,消除心理上的压力。当然,哭泣时应注意时间和场合。

2.倾诉性宣泄

俗话说:“快乐有人分享,是更大的快乐;痛苦有人分担,就可以减轻痛苦。”不愉快的事情隐藏在内心深处,会增加心理负担。当出现不良情绪时,高职大学生可以找一个最能理解自己或最值得信任的人,尽情地将心中的郁闷无所顾忌地倾诉出来。这样,一方面能使不良情绪得到宣泄,另一方面在倾诉烦恼的过程中还可以获得更多的情感支持和理解,获得认识和解决问题的新思路、新途径,并增强克服困难的信心。

3.运动性宣泄

医学研究表明,运动可以使人的情绪得到振奋。通过打球、跑步、游泳等有氧运动,将消极情绪宣泄出来。这种方式既可以直接宣泄消极的情绪,又能达到锻炼身体、促进心理健康的目的。建议每周 3~4 次,每次持续 30 分钟。

4.书写性宣泄

通过写信、写文章、写日记等方式,将内心的消极情绪宣泄出来。它的好处在于可以把那些因各种原因而不能对人表露的消极情绪宣泄出去。

(四)心理咨询法

心理咨询可以给予当事人力量,让他勇敢地面对生活。当事人好比一个走在沙漠中的人,他的水和食物都快用完了,仍然看不到绿洲,他身心疲惫,无奈地蹲在地上,心理老师走近他,并不是将自己的水和食物送给他,而是蹲下来问他:“感觉很累吧?……”然后鼓励他站起来跟着心理老师边走边谈,要让他不能停止生命的步伐,才有可能找到绿洲。咨询的目的就是帮助当事人从不同的角度去认识自己和社会,用新的方式去体验和表达他们的思想并产生出新的思维方式,实现心理放松。

(五)自信心训练法

自信心训练是通过增强个人对生活、工作和学习的信心,来摆脱不良的情绪困扰。要想摆脱不良情绪,仅仅靠心理医生的指导和训练是远远不够的,真正的自信心训练要贯穿于生活的每时每刻,即在做每一件事之前从从容容。

首先,要看到自己的优势与长处,这是树立自信心的第一步。

其次,在做每一件事时,要全身心地投入,尽自己的努力去做,不要有不必要的担心。

最后,面对暂时的挫折,不要后退,要想方设法去克服。几次成功的经验会使你的自信心增强,进而摆脱因缺乏自信心而带来的困扰。

(六)生理放松法

当人处于消极情绪状态的时候,身体肌肉往往是紧张的,如果从放松肌肉入手,可以起到很好的调整情绪的作用。深呼吸就是一种特别容易操作而且非常有效的方法。

具体做法如下:选择一个舒服的姿势,长长地吸气,再慢慢地呼气。让膈肌做缓慢的升降,腹肌做有力的回收,尽量找到"前胸贴后背"的感觉,然后再慢慢地呼气。当然,洗个热水澡、放松肌肉、按摩等都是很好的放松身体进而调整情绪的方法。

通过对肌肉的拍打也可以起到一定的放松作用。一手握空拳,首先拍打上身,用合适的力度拍打对侧肩膀、后背、胳膊,当感觉已经放松下来,更替拍打身体的另一侧,同样要对肩部多用一些时间。还要同时拍打腹部、肋骨部位的肌肉,力度不必太大。然后,依次拍打下肢,膝盖侧面是重点拍打部位。接着,对尚有肌肉紧张的部位再次重点拍打。通过这样的拍打,你会感到身体的肌肉非常放松、非常舒服,血液的流动也畅通很多。这时候你的心情也就随着肌肉的放松而放松了。保持这种状态,很容易就可以睡着。

三、培养积极健康的情绪

(一)确立正确的人生态度

人的情绪是建立在人生态度基础之上的。在现实社会中,我们面对同样的环境和遭遇,不同人的情绪、情感的反应有着很大的差异。例如,面对夕阳,有人吟“夕阳无限好,只是近黄昏”,表达一种怅然若失之感;也有人颂“满目青山夕照明”,表达了一种欢悦豪情。再如,方志敏烈士在敌人的牢狱中受尽种种折磨,还是那么乐观,而今有些青年人并没遭受多大打击就变得消沉、绝望,甚至轻生。为什么有的人经受讥讽谩骂或种种痛苦而不动摇,而有的人则很容易被苦恼情绪压倒?主要原因在于后者没有坚强的人生信念,使其丧失了力量的源泉。因此,帮助高职大学生确立正确的人生态度,才能使他们在困扰面前百折不挠,始终保持乐观向上的情绪状态。

(二)学会宽容悦纳

宽容不仅是一种美德,也是交往成功的重要保证和情绪健康的前提条件。宽容既表现为对他人的宽厚容忍、不斤斤计较,也表现为对自己的悦纳包涵,不过分苛求。一个不肯宽容别人的人,容易被别人怨恨,在人际关系中不受欢迎,也往往会使自己的身心受到伤害;一个不肯宽容自己的人,则常常会处于自责、悔恨之中。

(三)培养幽默感

幽默感对于人们适应生活和工作来讲,是一个非常有利的因素。当一个人发现不协调现象时,不仅要能客观地面对现实,也要不使自己陷于激动的状态,最好的办法是以幽默的态度应对,往往可以使本来紧张的情绪变得比较轻松,使一个窘迫的场面在笑语中得到缓解。

幽默是人们的一种心理行为,学会幽默可减轻心理上的挫折感,求得内心的安宁。幽默还是一种自我保护方法,对心理治疗特别有帮助。幽默感强的人,其体内新陈代谢旺盛,抗病能力强,可以延缓衰老。埃利斯认为,情绪困扰常由于自己过于严肃,以至于对生活失去了广阔的视野和幽默感。因此,幽默可使人以新的角度看待生活,对抗沮丧、失意等。

(四)进行适当的自我定位

从中学进入大学对高职大学生来说是一个巨大的转折,环境的变化和竞争的加剧会使不少同学感到心理不适,失落感明显,因此,在大学生活中给自己一个适当的自我定位十分重要。

高职大学生血气方刚、积极进取、竞争意识强,这是积极的一面。然而,由于自身的不成熟以及某些错误的认知方式,容易造成一些同学争强好胜、相互攀比、盲目竞争的现象,这不利于他们的心理健康。大学校园中人才济济,每个人都具有各自的优势,假如盲目地做事,处处都要与他人竞争、攀比,就有可能因为自己在某些方面处于劣势而产生自我挫败感,有的甚至会自我否定,陷入深深的自卑之中。同时,事事与人竞争、攀比还会造成自己过度紧张,心理上承受过大的压力,从而对身心健康产生不良影响。因此,高职大学生要对自我进行适当定位,以便更加科学地看待自己,保持良好的情绪状态。

第五章 走出孤独：高职大学生的人际交往问题探析

高职大学生正处在学习知识和技能、认识社会、探索人生的发展时期，他们的所有活动都是在与人交往的过程中进行的，经常要面对和处理各种人际关系。良好的社会交往不仅是高职大学生向社会化转变的基本途径，也直接影响着他们的学习与生活，影响着他们的身心健康，影响着他们的成长与发展。因此，了解人际交往的基本理论知识，正确掌握人际交往的原则和艺术，对于高职大学生建立和谐的人际关系和维护心理健康具有非常重要的意义。

第一节 人际交往的内涵

一、人际关系与人际交往

（一）人际关系与人际交往的基本概念

人际关系是指人们通过交往而形成的相互之间的心理关系，它表现为人与人之间的心理距离。我们可以从以下四个层面来分析和理解人际关系。

首先，人际关系作为个体心理过程的微观层面，是指作为个体的人与他人的“相互作用”：人际关系反映的是人与人之间心理上的关系,表现为人与人之间的心理距离,反映着人们寻求满足需要的心理状态。其次,人际关系作为文化的精神层面,它从深层次反映了人的文化沉淀。再次,人际关系作为社会关系的层面,是一种交往的需要。最后,人际关系作为信息传播的层面,是一种“沟通”或“人际传播”的构成过程。沟通是人际关系中最重要的一部分,它是人与人之间传递情感、态度、事实、信念和想法的过程,所以良好的沟通指的就是一种双向的沟通过程。人际关系的建立和维护是一个人的个人能力的体现,需要经历一个过程,这个过程是一个不断打破自己的人际舒适圈的过程。所谓的“舒适圈”,意思是所有人都活在一个无形的界限里,其中有自己熟悉的环境,与认识的人相处,做自己会做的事。总而言之,在界限内的我们感到很舒服。反之,当走出界限时,我们就会感到不舒服,很自然地想要退回到界限内。这个界限内的部分就是一个“舒适圈”。一个没有自信的人,舒适圈很小,总是怕被拒绝,因此不愿主动走出去与人交往。而敢于去冒险、敢于对没有十足把握的事情说“YES”,就是踏出自己的舒适圈。

在谈到人际关系时,人们通常会提到人际交往,它主要指人们运用语言或非语言符号交换意见、交流思想、表达情感和需要等的交流过程。它表现为人与人之间的心理距离,反映着人们寻求满足需要的心理状态。人际交往具有两个最基本的特征,即沟通和相互作用。人际交往的直接结果是建立一定的人际关系,即人们在社会活动过程中所形成的建立在个人情感基础上的相互联系,也表现为人与人之间心理上的关系。而这种关系一旦建立又反过来影响和制约着人们的交往。因此有的学者主张人际交往就是人际关系,是同一个概念,虽然前者强调动态的相互作用,后者强调静态的情感联系,但它们的本质都是指人与人之间的心理距离关系。

(二)人际交往的构成要素

一般来说,人际交往是由信息交流、动作交换和相互理解三个过程构成的复杂活动。

1. 信息交流

信息交流也可以称为人际沟通,它是人们在交往的过程中,彼此交流思想、感情和知识等信息的过程。简单来说就是把自己的所见所闻告诉其他人,把自己的想法和感受告诉别人,同时也了解到交往对象的观点和态度。人际沟通的形式十分复杂,千变万化。根据沟通使用的符号系统,可将其分为语言沟通和非语言沟通(图 5-1)。语言沟通是通过语言这种媒介而实现的信息交流,是人们对书面语言和口头语言的应用,是人际沟通的主要手段。非语言沟通主要指借助于非语词符号,如服饰、表情、姿势、动作、体触等实现的沟通。包括身体语言、副语言和物体的操纵。通过非语言沟通,人们可以更直观、更形象地判断你的为人、做事的能力,看出你的自信和热情,从而获得十分重要的"第一印象"。人们控制要说的话比较容易,而控制身体语言却不容易,身体语言会将人的思想暴露无遗。

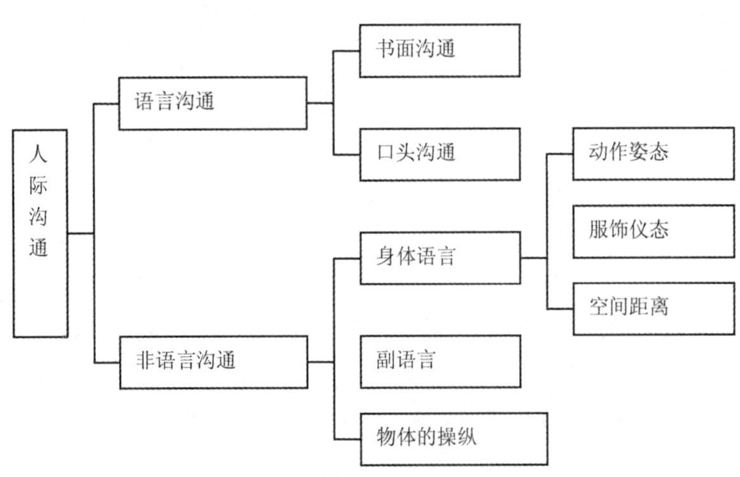

图 5-1 人际沟通的结构和内涵框架图

2. 动作交换

人们在交往中除了运用各种手段进行信息交流,还伴随着必要的动作。例如,商业活动中的“一手交钱,一手交货”、教学活动中的“手把手”、朋友相聚时的“抱成一团”、亲密接触时的“勾肩搭背”“手挽手”等都是交往中的动作交换。有时人的交往不用说话,仅通过动作上的“你来我往”便完成了交往过程,甚至还有“此时无声胜有声”的效果。

3. 相互理解

与人良好沟通的基础是能够理解他人,也就是说,这是一个人与人交往的最基本素质。如果没有人与人之间的相互理解,那么每个人都会固执地从自己的角度出发,认为自己面对别人总是错误的;如果把自己限制在狭小的自我之中,那么他就不可能去理解他人。不可能去发现别人的长处,那么与他人沟通就无从谈起。相互理解包括三个方面,即意义理解、情感理解和动机理解。理解对方所提供信息的内容,明白对方在表达什么,这是意义理解。根据对方提供信息的方式,领悟其表达方式中所包含的情感和态度,这是情感理解。而洞察其提供信息的意图,也就是明白对方为什么要表达这个信息就是动机理解。所以在交往中要善于“察言观色”,以实现真正的相互理解,避免因对信息的误解而导致误会,造成交往的障碍。

二、人际交往的特点

(一)人际交往的一般特点

人际交往是人在共同的社会活动中,通过彼此相互接触,互通信息、知识与经验,以及进行欲望、态度、情绪的交流,从中汲取对方的长处和能量,从而增进友情与合作,彼此满足精神慰藉,实现自我价值,促进事业成功。任何人际关系的建立、发展、巩固、调整、改善都必须依靠社交活动的实践。一般来说,人际交往主要呈现以下特点。

1.目的性

人际交往是为了获得必要的生活资料而使用的生活协作手段,是人获得精神上的愉悦和满足的方式,也是人世世代代遗传下来的安全感的需要。由此可见人际交往的重要性。在人际关系的建立和发展过程中,均具有不同程度的目的性。随着市场经济的推进,人际交往的目的性更为突出。

2.社会性

人际交往是人们为了相互传递信息、沟通情感、协调行为,通过各种媒介、语言、行为进行互动过程的总和。人际交往的过程往往是个体之间在认识上相互沟通、情感上相互交流、行为上相互作用、性格上相互影响的过程。在人际关系充满利害冲突或冷漠的人际环境中,人的个性会受到压抑、摧残。相反,在和谐、融洽的人际环境中,人的个性会受到良好人际关系的熏陶,从而促进其个性健康发展。人际交往是人类特有的社会现象。它是个体社会化的一种实践形式。从一定意义上讲,人的社会化是在人际交往中实现的,不善于人际交往的人,其人生之路必然走得十分艰辛。

3.复杂性

一方面,人际交往是交往双方在认识上双向沟通、情感上双向交流、行为上双向作用、性格上双向影响的过程,它不是交往一方的单向行为,而是交往双方双向互动的行为。另一方面,人际交往的类别是多种多样、多层次的。从不同的角度看,它可以分为物质交往和精神交往、直接交往和间接交往、工作交往和娱乐交往、友情交往和非友情交往等。这就决定了人际交往的复杂性。

4.多变性

人际交往的多变性是指人际交往活动没有一成不变的规矩,

发生交往活动是根据交际方的具体需要灵活确定的,主要以与他人进行往来应酬、交流信息、沟通感情、建立联系、增进情意等人际交往活动为具体形式。随着社会的发展,生活节奏的加快,生存竞争的日趋激烈,人际关系随着年龄的增长、阅历的丰富、心智的成熟、工作环境与生活条件的变化而变化,人际交往就会更加复杂多变。

(二)当代大学生人际交往的特点

一般来说,当代大学生人际交往主要呈现以下特点。

1.交往群体心理基础相近但存在个性心理差异

一般情况下,由于年龄因素和接触范围等的影响,大学生人际交往的主要对象是大学生群体自身,即同学之间的交往。大多数大学生的心理基础是接近的,有许多共性。这是与年龄相近、学历相近、生活学习环境相似的基本情况相关联的。但仔细分析学生的个性,又会发现因学生的个体性格、气质、认识能力、道德素质、接受新事物能力及接触范围的不同,在人际交往中会表现出较大的差异。学生因学习基础的差异、学习方法科学程度的差异与学习精神的差异而造成学习状态、效果存在较大差异,这也直接影响了少数学生人际交往的热情。

2.交往模式立体化

随着社会的发展,大学生与外界的广泛沟通和交流越来越多,大学生可以和不同辈分、不同层次、不同行业的各色人物去交往,使其人际交往形成了一种超越亲情关系、地域关系、师生关系、同学关系的新的多维立体化的人际关系。

3.交往方式多样化

传统的交往方式有书信、电话,如今除了这些,还可以通过社会实践、社团活动、实习实训、聚会、家教、打工等实现人际交往,为人际交往提供了广阔的天地,从而使交际内容和交往方式呈现多样化特征。

4. 网络交往较为频繁

随着信息化时代的到来,网络交往已经成为一种新型人际交往模式。据中国互联网信息中心2018年发布的第42次《中国互联网络发展状况统计报告》显示,截至2018年6月,我国网民规模为8.02亿,其中大专、大学本科及以上的网民占比分别为10%和10.6%。[①] 大学生在网络空间进行聊天、交友等人际交往,反映出交往的时代性。

手机、电脑等高科技产品已成为当代大学生人际交往的必备工具,微博、微信、QQ、短视频等已成为当代大学生不可缺少的生活内容,当代大学生也被称为“网络原住民”。学者黄厚铭提到,网络具有匿名、化名的功能,且其具有隔离作用,让人们得以呈现与真实世界不同的身份与他人互动;当然,也可以用完全一致于真实世界的身份出现。因此,网友们在网络上所呈现出来的自我,有可能是真实的自我,也可能是想象中的自我。

精通于使用网络的当代大学生身上被贴得最多的标签就是“自我”“孤独”“冷漠”,但他们自己并不这样认为。当代大学生多为独生子女,他们其实比有兄弟姐妹的人更渴望友情、珍惜友情。他们喜欢建立自己的朋友圈,而且喜欢有多种类型的伙伴,他们更善于利于新媒体拓展人脉圈。因为随着我们的现实生活越来越和网络生活连接在一起,虚拟网络交往和现实人际交往的界限也越来越模糊了。这当然在很大程度上扩展了我们的交往和接触面,我们也通过这个人际交往的网络获得了更丰富和复杂的感情。这显然是一种新型的人际关系网络的建构,理想的状态是现实和虚拟互补。

① 中国互联网信息中心.第42次《中国互联网络发展状况统计报告》[EB/OL].http://www.cac.gov.cn/2018—08/20/c_1123296882.htm.

5.与异性交往愿望的强烈性与交往的拘谨性

大学生正处于青春发展的高峰期,尤其是性心理逐步趋向成熟。他们在心理上产生了与异性交往的兴趣与愿望,并不断增强。但在实际男女生的交往中,多数学生行为显得很拘谨,不能落落大方,怕人说闲话,因而制约了男女间的正常交往。

6.交往内容丰富的同时注重交往的平等性

大学生兴趣广泛,情感丰富,精力充沛,求知欲强,对各种自然、社会现象都很关注,希望自己见多识广,这使得他们交往的内容比较丰富。特别是社会生活节奏的加快,使他们的人际交往内容不再仅局限于交流感情、寻求友谊、寻觅爱情。他们不仅对专业以及感兴趣的各方面知识和信息,对衣、食、住、行、工作等方面进行交流,而且还会敞开心扉,无所顾忌地进行情感的交流与宣泄,寻求思想的碰撞和融会。

此外,大学生的人际交往主要局限在同学之间,在与彼此的交往中,他们谁也不依赖谁,不存在较大的利益冲突,且具有共同的学习任务和比较一致的学习目的,加之学校和老师对他们提出的要求、给予的机会都是平等的,这就使得每个大学生在学校或班级中都是平等的一员,进而产生人与人的交往应该是平等的、互助的观念。

三、人际交往的心理效应

在人际交往中,人们对交往对象的认知、情感、态度等,直接影响交往的质量。研究发现,人际交往的心理效应主要表现为以下方面。

(一)首因效应

所谓首因效应,指对人的看法过多地依赖第一印象,往往形成错误的心理定式。在现实生活中,首因效应所形成的第一印象常常影响着人们对他人以后的认知。对某人第一印象好,就乐意与之接近,并能较快地相互沟通,甚至“一见钟情”。反之,第一印象差,便会产生反感,即使以后由于各种原因难以避免与之接触,但也会很冷淡,甚至“告吹”。第一印象一旦形成,对后来观察和感知到的内容则往往不大注意或被忽视,即使后来的印象与最初的印象有差距,也会服从最初印象。毫无疑问,良好的第一印象会为以后的人际交往和工作条件带来诸多便利。

(二)晕轮效应

一些老师对优秀学生非常喜欢,对“差生”则左看不顺眼,右看不顺心。的确,由于优秀学生守纪律、爱学习,在各方面表现不错,容易给人留下鲜明的印象。这样,老师往往就认为他们一切都好,便忽略了对其缺点的发现。而比较差的学生,由于学习成绩差,组织纪律差等,老师容易忽略其优点,看不到他们身上的积极因素。这种“以点代面”“以偏概全”的现象,在社会心理学中被称为“晕轮效应”。心理学家戴恩等人的研究证实了这一观点,表5-1 是其展示。

表 5-1　关于晕轮效应的研究

	无魅力者	中等者	有魅力者
受欢迎性	56.31	62.42	65.39
职业地位	1.70	2.02	2.25
婚姻的美满	0.37	0.41	1.70
做父母的能力	3.91	4.55	3.54
社会和职业幸福	5.28	6.34	6.37
总体幸福	8.83	11.60	11.60
结婚的可能性	1.52	1.83	2.17

注:数字越大,表明评价越高。

晕轮效应是在人际交往过程中的一种心理上的认知障碍,我们在人际交往过程中要尽量地避免并且克服晕轮效应的副作用。这就要求我们首先要注意“第一印象”。初次接触时,我们所了解到的材料不仅十分有限,而且往往是比较表面的,甚至是有一定虚假性的。第一印象一旦形成,以后的材料和信息常常只能扮演补充和解释的角色,从而产生晕轮效应。因此,对于他人,我们要冷静、客观地对待第一印象。其次要注意“投射倾向”。有些人总是从善的一面来看待别人,因为他本身就是一个十分善良的人。而有些人则总是从恶的一面来判断他人的言行,即使是好事,也会被他当作“别有用心”,这是因为他本身就有很重的疑心。这种把自己的特征投射到对方身上的现象,就是“投射倾向”。我们要对这种倾向多加注意,清醒而理智地进行自我反思,避免各种偏见。

(三)刻板效应

刻板效应也叫刻板印象。刻板效应是指在人际交往中人们常常根据籍贯、民族、肤色、地区及职业等将人进行分类,并对每一类人形成一种概括而固定的看法作为判断和评价一个人的依据。刻板印象就是对某一类人的看法套在该类人中的某一个具体人身上。它的积极作用在于,它简化了你的认知过程。“人类是认知的吝啬鬼。”也就是说,你总是在竭力节省认知能量。当你知道他人的一些信息时,常根据该人所属的人群特征来推测他所有的其他典型特征。这样虽然不能形成他人的正确印象,但在一定程度上可以帮助你简化认知过程。但刻板印象更多地带来的是负面效应,它虽有利于对某一个人、某一群人作出概括性的了解,但也容易成为一种先入为主的观念,往往对被刻板化的人造成不必要的伤害,而妨碍了人与人之间的正常认知,这显然会发生误差。

(四)近因效应

近因,即最后的印象。近因效应指的是最后的印象对人们认知具有的影响。最后留下的印象,往往是最深刻的印象,也就是心理学上所阐释的后摄作用。首因效应与近因效应不是对立的,而是一个问题的两个方面。在大学生人际交往中,第一印象固然重要,最后的印象也是不可忽视的。

在对陌生人的认知中,首因效应比较明显;而在对熟识的人的认知中,近因效应比较明显。这就告诉我们,在与他人进行交往时,既要注意平时给对方留下的印象,也要注意给对方留下的第一印象和最后印象。

四、人际交往与心理健康

亚里士多德曾经说过:“能独自生活的人,不是野兽,就是上帝。”人的成长、发展、成功、幸福都与人际关系密切相关。没有人与人之间的关系,就没有生活的基础。人际关系的好坏往往是一个人心理健康水平、社会适应能力的综合体现。培养良好的人际关系,不仅是人们生活的需要,更是适应社会的需要,它具有非常重要的意义。

首先,人际关系直接影响大学生的情绪状态。人际关系的好坏可产生两大类情感。第一类是结合性情感,表现为人际关系中的肯定、接纳、积极的态度,有利于发展人际关系;第二类是分离性情感,表现为否定、排斥、消极的态度,会削弱人际关系。人际关系彼此兼容,双方都会感到心情舒畅、愉快;相互排斥,则彼此都会感到孤独寂寞,心情抑郁,以至损害健康,甚至走上绝路。而与人发生冲突会使人心灵蒙上阴影,导致精神紧张、抑郁,会刺激下丘脑,使内分泌功能紊乱,进一步引起一系列的生理异变。

其次,积极的人际交往,可以使人精神愉快,情绪饱满,保持自信乐观的人生态度。一般说来,人际关系良好的学生,大多能保持开朗的性格,热情乐观的品质,从而正确认知、对待各种现实问题,化解学习、生活中的各种矛盾,形成积极向上的品质,迅速适应大学生活。相反,如果缺乏积极的人际交往,不能正确对待自己和别人,心胸狭隘,目光短浅,则容易形成精神上、心理上的巨大压力,难以化解心理矛盾。

最后,良好的人际交往可以促进个性化的发展。人与人之间的交往是个性发展与人格健全的必经之路。个体只有通过与其他个体发生联系,只有不断地学习社会知识、技能与文化,才能取得社会生活的资格。离开了社会的交往环境,离开了与他人的合作，个体就无法成为一个社会人。在良好和谐的氛围里，人们通过频繁的人际交往获得同伴的接受、认可、称赞、尊重、关怀和同情。这不但能使个体心理上得到慰藉，还可以排除烦恼、稳定情绪。通过与同伴交流，还逐渐学会调整自己的行为，摆脱以自我为中心的倾向，也能学会去发现和创造友好和谐的人际氛围，为塑造自己良好的个性而努力。一个团结互爱、平等互助、友好和睦的人际环境会促使一个人形成乐观开朗、积极健康的个性品质。

总之，正常的人际交往使人身心健康；不能正常与人交往，将自己封闭起来，就是一种负面的心态。医生可以用药治愈我们身体上的疾病，但如果没有与人交往，没有朋友，谁又真的能保持心情愉快呢？与人展开积极交往，拥有朋友是幸福的，因为他们可以在你成功时与你分享快乐，在你困难时给予尽心帮助，在你不幸时给你莫大安慰，而这些实际上都是人际交往的积极作用的体现。

第二节　高职大学生常见的人际交往问题

人际交往是一种非常复杂的动态过程。良好的人际关系像春雨甘露一样滋润着高职大学生的心灵，使之健康快乐地成长。高职大学生普遍渴望与他人交往，渴望得到友谊。但是，许多同学常常因为不能如愿而产生挫败感。在生活中，高职大学生经常会遇到以下人际交往问题。

一、人际孤独

有些高职大学生认为，他们没有什么朋友，也不知道该怎么去与同学进行深入的交往，他们很羡慕那些能在一起学习、玩耍的同学，可是不知道为什么自己就不能够拥有这样的快乐。有些高职大学生在大家眼里也是很不错的人,也有人愿意跟他们交往,而他在日常生活中也有不少朋友,却觉得没有人能够理解自己,总会情不自禁地产生一种孤独的恐惧。还有一些高职大学生不知道为什么在中学读书的时候还有好朋友,可是上了大学以后,却找不到这样的朋友了,好像大家都各忙各的,自己也不知道该怎么去建立新的友谊。好像上大学以后,活泼开朗的自己反而陷入了孤独寂寞的境况之中了。这些都属于人际孤独。

人际孤独也叫社交孤独,从心理学的角度讲,是一种封闭自我的心理障碍。从现象上看,虽然生活在茫茫人海之中,对社交却缺乏兴趣,不知如何去接近他人,与别人缺乏心灵上的沟通。对于别人来说,常常感到这样的人难以接近,于是便与之保持心理距离。久而久之,孤独者就越加孤独。高职大学生人际孤独一般表现为以下几方面。

(1)不愿让别人了解自己,往往持一种孤傲处世的态度,在心理上人为地建立屏障,故意把自我封闭起来。

(2)虽然愿意与他人交往,但由于性格原因却无法让别人了解自己。这样的人一般性格内向孤僻,形成了一种自我封闭的状态。在大学里也存在着这样的学生,喜欢一个人独来独往,很难融合到大集体中,产生一种极不和谐的情况。

一般来说,造成人际孤独问题产生的原因大致可分为内部原因和外部原因两类。内部原因包括高职大学生的性格原因、心理原因等。例如,有的学生性格内向,只注意自己的小天地,虽然内心体验深刻,但不善与人交流;有的性情孤僻或孤傲,这样就阻碍了正常的交往;有的学生迫切需要交往,而一旦这种需要得不到满足时,便产生心理上的失落,因而产生孤独。由于存在着不同程度的心理提防现象,沟通时半遮半掩,在交往中形成了隔阂。外部原因主要指环境原因。如果一个人长期生活在缺乏理解与友爱的环境中,处在长期压抑而没有凝聚力的群体之中,往往会感到孤独。有的高职大学生进入校园后,很难适应变化了的环境,对校园的一切感到陌生和不习惯,迟迟进入不了角色,就很难体验到归属感,自然也会产生较强的孤独感。

在这里我们需要认识到,孤独感是指因离群而产生的一种无依无靠、孤单烦闷的不愉快的情绪体验。它在各个年龄阶段都会产生,在青年期、老年期表现得尤为明显。事实上,每一个存在着的人,都会感到孤独。孤独是人存在的感受标志。只要有自我意识,就会有孤独感的体验。所以,我们不能谈孤独色变,一提到孤独就想到心理不健康,就急于摆脱它。其实,我们应辩证地看待孤独。对于会享受孤独的人来说,虽身单力薄,但并不寂寞,因为他能在自己的空间找到自己所喜爱的东西,他的内心并非孤独,而是在享受孤独的美丽。

当然,长期的人际孤独会让人心情郁闷,精神抑郁,性格古怪,严重影响人的身心健康,因此采取合适的方法调适人际孤独也是十分必要的,一般来说,可从以下几方面入手。

(1)要有改变孤独心理状态的强烈愿望,要充分认识到社交孤独对高职大学生的个人成长和身心健康的危害性,摒弃社交中的“孤芳自赏”和独往独来的行为方式,把自己融入集体的生活中去。

(2)不断反省自己,当别人孤立自己时,要尝试剖析自己,看是否自己有不对的地方,如果问题的原因在自己身上,应积极改正自身不足,并主动向对方检讨、道歉。如果原因不在自己,则可暂时摆脱这个小圈子,转移或扩大自己交往的方向和范围,从新的人际关系中寻求精神支持。

(3)积极参与社交活动,要敢于冲破自我封闭的樊笼,越过心灵的障碍,通过广泛的交流寻觅知音,当真正感到与同学心理相容并为人所接受时,就会看到柳暗花明的新天地,并享受到正常的人际关系的欢乐与幸福。

(4)作为学校和班级,要为有孤独感的高职大学生创造良好的交往环境,善于接纳他们,使他们排除苦闷,投入到集体生活的怀抱。

二、人际敏感

人际敏感的人通常与人相处时谨小慎微,患得患失,表现为多疑多虑,坚信人心难测而孤僻封闭。敏感是个很中性的词,不能说好,也不能说坏,关键要看一个度的问题。敏感的人可能是天性细腻,容易接受别人的信息和感受。不过,敏感的人也可能比较容易受到伤害,因为敏感的人如果太过于关注他人对自己的反应,那么就难免会对别人的评价和反应过于在意,从而造成"言者无心,听者有意"的误会。许多存在这方面问题的高职大学生常常会反映,觉得周围的人都不喜欢自己,或是故意针对自己,可是问具体情况,你就会发现其实很多都是由于当事人多虑造成的。一般来说,高职大学生人际敏感问题主要有以下几方面的表现。

(1)由于过度封闭,他们容易与他人保持一定的距离。虽然他们希望拥有"知心人",但是又难以与人建立亲密的关系,所以也就缺少知心朋友。

(2)在社交中也常常表现为猜疑心重,存在这类问题的高职大学生总是以为别人在议论自己,看不起自己,抱着以邻为壑的态度,无中生有,搬弄是非,总把别人的善意当作恶意,结果不仅会产生人际关系的裂痕,而且会造成严重的人际冲突。

(3)敏感多虑,和别人相处谨小慎微。与人相处很不自在,不自然,经常小心翼翼,害怕带给人麻烦,害怕别人嫌弃自己。有时候表现得特别有礼貌,实则给人距离和拘谨。

(4)自我意识强烈,很在意他人对自己的评价,很关注自己的言行是否得当。

(5)特别害怕与异性交往。

人际敏感问题产生的原因,一般包括自身的性格特征、后天经验、社会压力大等。就性格来说,有些人天生就对周围环境的各种刺激比较敏感,而有些人则比较迟钝。自卑的人也会相对比较敏感。他们由于过多地关注自己,总觉得自己生活在众人的关注之中,害怕在别人面前暴露自己的不足之处,所以,行事小心谨慎,退缩胆小,自然对别人的反应也关注过多。就后天经验来说,一些不顺利或痛苦的经历也会导致个体出现人际敏感问题。例如,从小生长在一个缺少父母关爱的环境里,受到别人欺负或者是有被虐待的经历,都会使一个人变得很敏感,特别是对他人的反应敏感增加。就社会压力来说,随着社会发展越来越快,竞争越来越激烈,人们的压力也随之越来越大。人为了能够在群体中脱颖而出,不得不提高自己的敏感度。对于高职大学生来说,也是一样,不管是学习,还是各种社会活动,都存在着竞争关系,这个时候,难免会对同学和老师及其他相关的交往对象保持一定的敏感度。

针对人际敏感的问题,可从以下几方面入手进行解决。

(1)找到恐惧的原因。找到了恐惧的原因,就找到了问题的症结,就有利于解决问题。所以,首先要弄清自己究竟恐惧什么,为什么会出现这些恐惧现象。如果是由于不正确的认知而造成自卑,或是由缺乏自信心所致,则可以通过调整认知,增强自信心来解决;如果是采用不正确的比较方法,即总是拿自己的短处与他人的长处比,或总是与比自己强的人比,而失去自信,可以通过改变比较方法来调整,即不但与比自己强的人比,还要与比自己差的人比,同时要与过去的自己比。通过全面、客观的比较以确立对自己的正确评价。

(2)不断提高自己的人际"敏感度"。这里的"敏感度"是正确分辨别人话语的意思,即了解别人背后的含义,理解别人的立场。同一句话根据不同的语气和环境,会有不同的含义。例如,"我没说她偷了我的钱"这一句话,当强调的语气落在不同的词上,含义完全不一样。如果别人在开玩笑,你会不会以为他在嘲笑你呢?对方在跟你闹着玩,你会不会和别人较真呢?这就是一个"敏感度"的问题。因此,人际过于敏感的人,需要培养更多的站在对方立场思考问题的能力。"是不是别人就一定是那样想的?""他会不会还有其他不一样的意思呢?""是不是我以小人之心度君子之腹呢?"多问几个这样的问题,可以加强自己对情况的把握,而不至于把问题都想偏了。

(3)考虑到存在人际敏感问题的高职大学生一般都对某件事存在消极期待的问题,在别人没有说话之前,就已经猜测别人的任何议论都是针对自己缺点的,因此应引导高职大学生给自己建立一个积极的形象,在内心给自己一个正面的声音,不断提高自信,以便在出现猜疑问题时,能够从内心里支持自己。

(4)增加社交锻炼。社交敏感者经常表现出明显的交往经验、交往技巧的缺乏,因此在克服社交敏感时,要加强社交锻炼、认真学习各种社交技巧,提高实际交往能力。

三、人际冲突

人际冲突是一种人际关系对立的状态,表现为两个或两个以上的相互关联的主体之间的紧张、不和谐、敌视,甚至争斗关系。一般情况下,人际冲突发生的原因有多种多样,可能是各方的需要、利益不同,或者对问题的认识、看法不同,或者是价值观、宗教信仰不同,或者是行为方式、做事的风格不同等。

日常生活中我们经常可以在各种各样场合遇到人际冲突事件的发生,有些冲突仅仅表现为双方之间的唇枪舌剑,有些则可能表现为肢体冲突。在实践过程中,人际冲突无处不在,从幼儿到老年,各个年龄段的个体都可能遇到各种各样的冲突:幼儿期的冲突常发生于游戏情境中,如为了争夺玩具与同伴发生的冲突,艾森伯格的研究发现,大约每隔 3.6 分钟在 4 岁儿童和母亲的交流中就会发生一次冲突;青少年期的冲突常发生于学习和交友活动中;成年期的冲突可能发生于工作和生活中,瓦迟尼卡观察了家庭成员一起用餐的情景,发现每顿晚餐会发生 3.3 次争执,其他的研究显示,处于各种关系之中的成年人平均每天会有 7

次冲突行为发生。[①]

高职大学生群体也很容易发生人际冲突,有的高职大学生对于身边发生的一点点小事常会以过激的行为去解决,有的学生互不示弱,互不忍让,以致发生冲突,甚至采取报复措施,造成心理上的障碍。一般来说,导致高职大学生人际冲突问题产生的原因主要包括以下几方面。

(1)容忍力降低。每一个人对诸如忧伤、生气、紧张、害怕、焦虑、失败、挫折等负面情绪和负面结果都有一定的容忍力,有的人对这些容忍力小,有的人容忍力则较大,在这种情况下,当一个人对负面情绪和负面结果的容忍力小于其对应的负面情绪和负面结果时,就可能与人产生人际冲突。另外,个体对负面内容的容忍力也会受到自身压力大小、身体状况、心理及精神状态的影响,当个体的压力变大、身心状况降低、精神状态变差时,就有可能导致自身容忍力降低,与人产生人际冲突。

(2)人与人之间常因为比较、竞争而产生许多令人不舒服的情绪。例如,嫉妒他人得到老师的宠爱、为了与别的同学争夺奖学金、考试要考得比别人好,长得要比别人漂亮……这些都会引起人与人之间的不满,引发冲突。

(3)人的偏见、成见,第一印象,思维定式等,这些不正确的对待他人的思想、看法及各种阻碍发展人际关系的因素,也会成为冲突的导火线。由于这些因素是偏颇的,不能给他人一个平等的、公平的对待。久而久之,冲突的发生也就在所难免。

(4)人与人之间对事物的了解常常不一样,因此会造成许多误会或错误的认知。有时听到了当事人对自己的不正确的传言却又不能与其澄清。这些情况所产生的不舒服情绪压抑到一定程度,一旦爆发出来,冲突在所难免。

在这里需要注意的是,人际冲突并不一定必然导致人际关系的破裂,如果处理得当,就事论事,往往不会给人际关系带来太大

① 李丹,刘俊升.健康心理学[M].上海:上海教育出版社,2014:132.

危害,反而有时会增加双方的沟通和了解。但如果双方不能很好地解决彼此之间面临的问题,则有可能导致人际关系的破裂。针对于此,在面对人际冲突问题时,高职大学生可从以下几方面入手解决。

(1)尽量避免争论。人与人之间的争论是很正常的事,但是争论往往都以不愉快的结果结束。事实证明,无论谁赢谁输都会很不舒服。赢者当时可能获得一种心理满足,但很快会被人际关系恶化的阴影所笼罩,一时的满足心理会变得烟消云散。输者的心理挫折感更加强烈,往往会演化为人身攻击,对于人际关系是非常有害的,争论的结果往往是两败俱伤。

(2)学会控制情绪,理性面对冲突。人是情绪化的动物,在人过于激动时,思维会受到明显的干扰,很难保持对事情的正确判断,容易在激情之中做出对人际关系有害,乃至犯罪行为。

(3)纠正人际冲突的误区。一般人在冲突情境中常有一些似是而非的观念。这些常见的错误观念如表 5-2 所示。

表 5-2　人际冲突的错误观念

错误观念	说明
因为他们犯错,才会引起冲突	双方需求的冲突并不能显示谁对谁错,即使是价值观念不一致也是如此
为了表示自己比对方行,必须赢得冲突	这只是面子观念在作祟,并不表示自己一定是对的一方
任何妥协均表示自己输了,且永远比对方矮一截	这是个人争强好胜的心理作祟,表示自己输不起,这才是真正的弱者
无论如何,应避免冲突的发生	对于冲突的本质有错误的认知
只有自己所提出的冲突解决方法才是有价值的	这是一种自私、专制的心态,最终的解决办法是谁提出来的并不重要,重要的是双方都能接受
所有的冲突都必须有解决的办法	其实是不大可能的,有很多冲突的情境,如果双方均不退让,不愿意妥协,可能会演变成无解的结局

续表

错误观念	说明
妥协的结果必将导致不好的感觉	倒也未必,有时,妥协双方都能得到需求的适度满足,反而是一种双赢的结果
长期或持续的冲突可以在一次讨论中得到解决	那是不可能的,冲突可能需要经过无数次协商
任何的冲突中,一定有一方是对的,一方是错的,而且双方必须得到所要的	双方需求的冲突并不能显示谁对谁错,冲突解决的办法是经由协商获得的一个双方都能接受的办法

(4)掌握正确的冲突解决办法。大致来说,解决人际冲突问题可以按照表5-3所示的5种办法进行。对提出的办法逐一进行评价,以对双方都有利的原则,筛选出最佳的解决方法。在多数情况下,双方合作永远比矛盾冲突好,与人合作达到双赢才是更加成熟的处理方式。

表5-3　人际冲突解决的方法

方法	说明
竞争	只追求自己的目标获取利益,而不顾给对方的影响,则非输即赢
退避	看到冲突漠不关心,逃避争执和对抗行为,则只能输
顺应	把对方的利益置于自己利益之上,自我牺牲以满足对方需要
统合	双方都希望满足对方的需要,合作而寻求对双方都有利的解决。澄清异同,求同存异,不是简单的顺应
妥协	双方都必须放弃部分利益,以便在一定程度上满足部分需要,达成妥协。双方都付出代价,双方都有所得

四、其他人际交往问题

除了上述三种人际交往问题之外,在高职大学生群体中还存在以下几种人际交往问题。

(一)以自我为中心

以自我为中心是一种严重影响人际关系的心理障碍。所谓“以自我为中心”是指凡事都只希望满足自己的欲望,要求人人为己,却置别人的需求于不顾,不愿为别人作半点牺牲,不关心他人痛痒的心理特征。

以自我为中心的意识主要是由于家庭教育不当引起的。现在的高职大学生多是独生子女,即使部分学生不是独生子女,也多是在父母的娇宠下长大的,再加上父母受长期应试教育的影响,非常重视孩子的学习成绩,而忽视培养孩子生活自理、与人相处的能力,这让他们很难养成分享的习惯,也很少顾及别人的感受。他们惯于心安理得地接受,却不知道如何给予和奉献。在与人交往的过程中,就会出现以自我为中心的问题。

针对这种问题,高职大学生应认识到,每个人都有各自的欲望与需求,也都有其权利与义务,这就难免会出现矛盾,不可能人人如愿。这就要求每个人都正视客观现实,学会礼尚往来,在必要时作出点让步。当然应该承认自我的权利与欲望的满足,但不能只顾自己,忽视他人的存在。此外,高职大学生应从自我的圈子中跳出来,多设身处地地替他人着想。高职大学生要学会欣赏他人、换位思考,并学会尊重、关心、帮助他人,这样才能获得别人的回报,从中也能体验人生的价值与幸福。当自己的需要没有得到满足时,不要一味地抱怨,应先审视一下自己的思想是否正确、自己的要求是否正当,如果是正确的、正当的,可以坦诚地向对方表明;如果有失公允,则应进行自我调整。

(二)交友不慎,误入歧途

俗话说,“近朱者赤,近墨者黑”,“与智者同行,你会不同凡响;与高人为伍,你能登上巅峰”。相反,与不善者做朋友,可能会让高职大学生退步、颓废甚至走上不归路。我们经常见到这种情况:与不学习的学生在一起会导致学习的退步,与沉溺于网络的人在一起会变得颓废,与行为不轨的人在一起会走上犯罪的道路。高职大学生在校期间相对比较单纯,对校外事物认识浅显,稍不注意就会出现交友不慎。在当今这样一个鱼龙混杂的大环境里,三观尚未健全的高职大学生,一旦交友不慎,就可能会造成无法挽回的后果。

所以,高职大学生交友最基本的原则有四条:一是“择其善者而从之”;二是严格做到“四戒”,即戒交低级下流之辈,戒交挥金如土之流,戒交吃喝嫖赌之徒,戒交游手好闲之人;三是对“初相识的朋友”,不要轻易“掏心窝子”,更不能言听计从、受其摆布利用;四是对于那些“来如风雨,去如微尘”的上门客,态度要热情、小心,尽量不为他们提供单独行动的时间和空间,以避免给犯罪分子创造作案条件。

(三)宿舍交往障碍

有人测算过,除去睡眠时间,高职大学生每天在宿舍的时间为5.72小时左右,与室友间的接触与交往比与其他任何人接触与交往的时间都长。宿舍作为高职大学生活的基本单元,不仅是他们住宿的场所,也是学习、娱乐、交流、交往的重要场所。由于宿舍成员相对固定,朝夕相处,相互之间频繁接触,很多私密袒露其间,室友之间产生不愉快甚至冲突在所难免,这些鸡毛蒜皮的小矛盾如果得不到及时化解,日积月累,就会导致室友间产生误会,直至爆发“战争”,严重的还会诱发心理疾病。

宿舍关系有一个特别的现象就是宿舍是家又不是“家”。有的同学把宿舍当成了家,觉得想怎么做都可以,他人都应该能体谅,别人的东西也可以共享。但遗憾的是,宿舍不是真正的家,每个人的东西都是私人的,不能共享,谁也没有权利向别人发号施令。在处理宿舍内的人际关系时,要注意以下几点。

(1)遵守共同的生活准则。宿舍生活空间比较小,每个人的活动对他人的影响较大,为了避免对他人的过分侵扰,对于这一点,同宿舍的人有必要保持一致的生活节奏,避免对他人造成侵扰,这就要求同宿舍的学生要遵守共同的生活节奏。同宿舍的人可在开学初,在充分表达自己意愿、充分协商的基础上订立自己的“宿舍公约”,并制定相应的奖惩措施,约束每个人的行为。

(2)要多自我反省,寻找自己身上的问题及其对宿舍关系造成的影响。宿舍内部的矛盾突出反映在各种琐碎小事上,如乱扔垃圾、制造噪声、计较小钱、作息紊乱、言论霸权等。若自己有不妥的地方,要及时改正,调整自己的作息时间,改变自己的说话方式,用他人可以接受的方式来和他人相处。

(3)尊重他人的隐私。共同的生活空间容易暴露个人隐私。在日常的生活起居里,外人没有机会了解和认知的一面会在宿舍里暴露无遗。无论有意还是无意,同一宿舍的人总比其他同学更多地了解舍友的隐私。同宿舍的人要清楚哪些事情只能局限于本宿舍之内。宿舍内谈论的话题尽量不要向外传播,他人的隐私不要主动去探究,不背后议论、评价舍友,这是对同学最起码的尊重,也是维护宿舍和谐的有效办法。

(4)多沟通多交流。宿舍内的矛盾很多时候都是由小事引发的,但大家碍于情面都不肯说出来,而逐渐疏远了关系。因此,相互间要主动沟通交流,只有这样才能更好地理解他人,也使他人更好地理解自己,消除彼此间的误会。

第三节　高职大学生常见人际交往问题的解决策略

在上一节中,我们针对高职大学生具体的人际交往问题分析了其各自的解决策略,而从总体上来看,这些人际交往问题的产生根源就在于高职大学生人际交往能力较弱,因此,在这一节中,我们主要针对以上人际交往问题,探讨如何帮助高职大学生建立良好的人际关系,提高其人际交往能力,这也是解决高职大学生人际交往问题的本源所在。具体来看,可从以下几方面入手。

一、掌握人际关系和人际交往的要领

在人际关系上,无非就是改变、改善、承担和放弃。我们应清楚在什么情况下应改变、改善,而在什么情况下应承担、放弃。有的人际交往和人际关系是可有可无的,我们也没有必要难为自己。而有的人际交往和人际关系是必要的,我们只能改变、改善自己,包括心态、行为、习惯、性格等。具体应注意以下几点。

(一)尊重别人的意见,包容别人的观点

海纳百川,有容乃大,人们因为能够接受不同生命特质的事物,因此能广结善缘。在人际交往中,不同的个体可能持不同的观点,高职大学生不能因别人与自己的观点不同就否定别人,或不与人交往,而应尝试放开心胸去欣赏他人的优点,包容别人的缺点。你会发现,很多时候是因为自己的心胸太狭隘,划地自限。敞开心胸,接纳不同性格的人,你会发现别人并没有你想象的那么不好。人是会改变的,应去除先入为主的偏见,方能有助于人际关系的发展。

(二)理解别人的秉性,接纳别人的缺点

每个人都有自己的秉性、特性及独有的生命特点。有安静的就有活泼的,有随和的就有一丝不苟的。不同的性格组成了不同的生命特质。在与人交往的过程中,大多数个体都会选择与自己个性合得来的人交往,这是一种本能。但有与自己性格合得来的,就有合不来的,甚至存在某些自己不认可的缺点。当你看不顺眼别人的时候,别人可能也看不顺眼你。从本质上来说,人和人都是差不多的。即使有差别,也仅仅是量上的差别而已,你要接纳差异的存在,瞧不起别人和瞧不起自己都是不对的。在交往中,要尊重别人,对别人的缺点要多一份宽容和理解,只有这样才能理性地认识他人,也才有助于高职大学生人际交往能力的提升。

(三)遵循内心交往的需要,主动与人交往

每个个体都存在与人交往的需要,高职大学生应尊重自己内心的这种需要,主动积极地与人交往,热情协助周围需要帮忙的人,这对建立良好的人际关系也是十分有利的。在社会交往中,那些主动参与交往活动,主动去接纳别人的人,在人际关系上较为自信。特别是当面临人际危机时,主动解释,消除误解,对重新建立良好的人际关系非常重要。

从高职大学生人际交往的实践来看,主动交往的缺乏源于两方面的原因:一是缺乏自信,担心遭到拒绝,担心别人不会像自己期望的那样理解、应答,从而使自己处于窘迫的局面,伤害了自己的自尊。事实上,问题远没有我们想象的那么严重,因为人际关系中,双方都需要适应,需要人际关系支持陌生情境。二是人们在人际关系方面有许多误解,如"先同别人打招呼,在别人看来低人一等","那些善于交往的人左右逢源,都有些世故,有些圆滑","我如此麻烦别人,别人会认为我无能,会讨厌我"等。实际上,这种观念也是错误的,主动与人交往并不意味着比别人低一级,而是自己主动踏出交际的一步,有助于掌握交际的主动权。

在这里需要注意的是,主动与人交往的关键在于"诚"字当先,以诚为本。真实、真情和真诚是良好人际关系的法宝。待人真诚,就要敞开心扉,袒露情怀;就要敢讲真话,对于自己的缺点,也不藏着掖着。在交往中,言谈举止得体、大方,表情、动作、语调、用词自然,就会给对方好感,否则,给人的第一感觉就是虚假。

(四)关注发展,培养成功交往的心理品质

良好的人际关系,需要真诚和热情,也需要有一定的心理品质。高职大学生要想与人保持良好的人际关系,就应以发展的眼光看待问题,不断培养自己成功与人交往的心理品质。

1. 积极进取,奋发向上

我们要赢得朋友首先就得提高自己的吸引力。当我们自己

拥有一种积极向上的精神面貌时,周围的朋友就会被我们所吸引所影响,也会变得更加进取。

2.诚实守信,保持克制

诚实守信是中华民族的传统美德,建立在此基础上的人际交往是可靠的、持久的。而建立在虚伪应酬上的人际关系是以互相利用为目的,最终不可能形成良好的人际关系。此外,与人相处,难免发生摩擦冲突,克制往往会起到“化干戈为玉帛”的效果。克制是以团结为主,以大局为重,即使是自己的自尊与利益受到损害时也是如此。但克制并不是无条件的,应有理、有利、有节,如果是为一时苟安,忍气吞声地任凭他人无端攻击、指责,则是怯懦的表现,而不是正确的交往态度。

3.不卑不亢,虚怀若谷

无论在何种情况下为人处事都要谦虚、自信。谦虚使人常常看到自己的不足与他人的长处,从而取长补短,不断完善。自信能使交往主动、积极、从容不迫、落落大方。人际交往只能够有一种投射作用,与一个自信心特别强的人进行交往,你会在不知不觉中增强自信,“自信则人信之”。

二、了解人际交往中应遵守的原则

进入大学后,由于交往范围的扩大,人际关系也会呈现复杂的特点。由于缺乏交往经验,许多高职大学生在处理人际关系时容易出现问题。因此,在与人交往时,要注意六个基本原则(表5-4)。

表 5-4　人际交往的基本原则

原则	说明
真诚	在人际交往中只有抱着心诚意善的态度,别人才会接纳你、信任你。以诚相待是人际交往得以延续和深化的保障。在与人交往中,最不受人欢迎的就是虚伪
平等	人际交往中的平等,主要是指一种精神和人格上的平等
尊重	我们每一个人都是独立的个体。在交往中应首先尊重自己,做到自重、自爱、维护自己的人格;其次,尊重他人,做到尊重交往对象的人格、爱好与习惯。尊重他人才能得到他人的尊重
宽容	宽容是指在承认人与人差异的基础上,尊重他人的存在方式。在人际交往中我们的很多矛盾来自于对他人过于苛刻
互利	交往双方在交往过程中,都要受益,只有单方获得好处的人际交往是不能长久的
守信	朋友之间,要言必信,行必果,你才能赢得别人的信赖

三、掌握人际交往的技巧和艺术

想要与他人建立良好的人际关系,掌握一些人际交往技巧与艺术也是十分必要的,它能帮助高职大学生更好地与他人交往,并在交往实践中解决好人际交往过程中出现的各种问题,不断提高高职大学生人际交往的吸引力。

(一)人际交往的技巧

改善人际交往的技巧较多,这里主要从建立第一印象、改善人际沟通两个方面,介绍一些人际关系的技巧。

1. 建立良好第一印象的技巧

素不相识的双方第一次交往留下的印象对双方继续交往产生着重要的影响作用。第一印象好,双方继续交往的积极性就高,良好的关系就可能逐渐形成和发展。反之,则可能仍是路人,或维持礼节性的往来,无法建立相对亲密的关系。因此,建立良好的第一印象十分重要,一般来说建立良好的第一印象技巧主要包括以下两种。

(1)微笑技巧

微笑是交往中最具吸引力、最有价值的面部表情。微笑可以体现良好的教养,表现出友善、谦和的态度,温馨、亲切的微笑,会很快缩短交往双方的距离,形成融洽的氛围、留下美好的印象,是形成良好人际关系的基础。因此,高职大学生应学会对人微笑,向同学、扫地阿姨、辅导员或其他老师展示友善的笑容,必能赢得大家的好感。

(2)SOLER 技巧

SOLER 技巧又称 SOLER 模式,是由 Sit、Open、Lean、Eyes、Relax 五个英文单词的首字母组成。其中,S(Sit)代表"坐要面对别人";O(Open)表示"姿势要自然开放";L(Lean)的意思为"身体微微前倾";E(Eyes)代表"目光接触",谈话时要正视对方的眼睛,不要躲闪;R(Relax)表示"放松"。社会心理学家艾根 1997 年根据研究得出同陌生人相遇时,按照 SOLER 模式表现自己,可以有效地增加给别人的好感,可以明显地增加别人对我们的接纳性。在社交场合,有意识地运用 SOLER 技巧,可以给人留下"我很尊重你,对你很有兴趣,我内心是接纳你的"的第一印象。

2. 改善人际沟通的技巧

人际沟通的效果取决于沟通行为主体的个体行为。要提高人际沟通的效果,就必须提高信息发送者和信息接受者的沟通水平。就高职大学生而言,改善自己的人际沟通可采用以下技巧。

(1)要有勇气开口。人与人之间存在很多矛盾的一个主要原因,就是当事人没有勇气把自己心中的想法说出来,从而导致了误解。因此,只有当高职大学生把心里所想的表达出来,才有可能与他人沟通。

(2)沟通的态度要诚恳。人是有情感的,在沟通中,当事者相互之间所采取的态度对于沟通的效果有很大的影响。若沟通一方的态度不诚恳,不仅难以打动沟通另一方,甚至有可能造成沟通障碍,降低沟通效率。因此,只有当双方坦诚相待时,才能消除彼此间的隔阂,从而求得相互间的合作。

(3)选择恰当的沟通时机。良好的人际沟通需要依据交往对象的心理状态和团体的气氛选择最佳的沟通时机。一般在沟通过程中,双方一旦出现认识、思想或观点的不一致时,就会因心理不平衡而产生行为上的紧张、不安和激烈的思想矛盾斗争。这时交往一方就应抓住时机,对他方进行思想和认识方面的沟通,达到预期的目的。

(4)注重双向沟通,由于信息接受者容易从自己的角度来理解信息而导致误解,因此信息发送者要注重反馈,提倡双向沟通,要善于体察别人,鼓励他人不清楚就问,注意倾听反馈意见,或者请信息接受者重述所获得的信息或表达他们对信息的理解,从而检查信息传递的准确程度和偏差所在。

(二)人际交往的艺术

所谓人际交往艺术,关键要注意把握交往的“度”,具体包括以下几方面。

1.得理也应让人

高职大学生思维敏捷,知识面比较广,自我意识又强,于是特别喜欢争论。其实争论对人际交往常常是一种干扰。我们应该明白一个道理,每个人在争论中坚持的观点,都是他自我的一部分。当你反驳其观点时,便或多或少地威胁了他的尊严,所以争论双方很难单纯地就问题展开争论,其间往往渗入了保卫尊严的情感成分。所以很多争论最后都会演变成人身攻击,就是这个道理。因此,只要不是原则问题,适时地退让一步,反而体现了高尚的风格,会赢得对方和旁观者的认可,获得意想不到的好人缘。

2.交往的广度要适当

通常情况下,多接触社会,接触各阶层的人士,能使自己开阔视野,丰富知识,获得信息,更好地认知社会和自我。当然,交往既不能过广,也不能太窄。过广则容易滥交,既影响交往质量,又会浪费太多精力,影响学习。太窄又有可能错过了许多可交的朋友,使自己眼界狭小,气量狭小,经常会陷于狭小的人际圈子不能自拔。此外,交往的广度,还包括异性间的交往。囿于"男女授受不亲"旧观念的影响,有些同学与异性的交往存有相当空间,这与开放性的现代社会显得格格不入。因此,高职大学生也要注意与异性保持恰当交往。

3.把握交际的时间与空间

时间对每个人的作用不言而喻。把握交际时间主要包括三点:第一,守时,应遵守约定的时间。第二,尊重他人的私人时间。随着社会的发展,人们生活节奏越来越快,工作压力也较大,在休息的时间里,人们都想放松一下或享受家庭的温馨。如果在休息的时间里去打扰对方,会使对方不快,尤其是在事先未约定的情况下,贸然登门拜访,更会令人反感。第三,把握交往频率。"事君数,斯辱矣;朋友数,斯疏矣"。"数"的意思,就是"来往过多"。即使是好朋友,也不能过从甚密,天天粘在一起。这样既影响彼此的正常生活,也会减弱彼此的新鲜感,增加出现摩擦、发生矛盾的概率,从而妨碍友谊的进一步发展。当然,也不能很长时间不见面。虽然有人认为,真正的朋友是根本不用见面的,要通信保持"神交"就可以了。但是,实际情况是,许多学生由于身边朋友的密切交往,与外地朋友的通信会越来越少,一段时间后甚至会自然中断与外地朋友的联系,毕竟是"近水楼台先得月"。许多大学生一般在大学二年级后,就中断了和高中朋友的密切交往,就是这个原因。

除了交际时间之外,交际空间的影响力也很大。在现实生活中,不管我们生活的空间有多大,每个人都希望为自己划出一个不受侵犯的空间。人们的自我感觉往往十分敏感,当人的私人空间遭到他人侵犯时,会本能地做出某种姿态予以防御。人际距离是人在沟通与交往时,个体身体之间的空间距离。由于人们的关系不同,人际距离也相应的不同。

4. 讲究交际的语言

语言是人类敞开心扉的交流形式,是人类搭架心灵桥梁的快捷方式,是人类情感交集的抒发模式,是人类释放悲喜的表达公式。“良言一句三冬暖,恶语伤人六月寒。”一个人的口头沟通能力的好坏,决定了他在工作、社交和生活中的品质和效益。高职大学生在交际中讲究语言艺术主要指要把握说和听的分寸。“说”要注意尽量用简单、明白、清楚的语言表达思想,不要绕来绕去,含糊其辞,以免引起不必要的误解;说话要注意语气,批评和赞扬别人要讲究方式和措辞。赞扬别人要恰如其分,批评别人也要尽量用婉转的语气,要多赞美别人,认可、欣赏别人,而不是挑剔、讥讽别人。“听”要学会倾听,尊重别人,理解别人,而不是夸夸其谈,自我陶醉;配合对方的谈话,时而点头或微笑,态度和蔼,而不是“冷若冰霜”;注意不要随意打断对方的谈话,或抢对方的话题。总之,听对方讲话时,要把握好自己的配角位置,处处表现出对对方的尊重和耐心。

第六章 抵御诱惑:高职大学生的网络心理问题探析

伴随着信息化社会的到来,互联网已成为人们日常生活和工作中越来越重要的工具。它在给人们带来诸多便利与快捷的同时,也带来了多种负面的影响。高职大学生正处于身心发育的关键阶段,适应能力、是非辨别能力、自我控制能力等还不强,容易受到网络的诱惑,深陷其中,出现各种网络心理问题。因此,一定要引导高职大学生正确认识网络,培养高职大学生良好的网络心理素质,使他们不受网络心理问题之害。

第一节 网络的内涵

一、互联网的形成与发展

自 1950 年开始,以计算机为代表,资讯产业开始萌芽。1960 年,罗切斯特大学的行为心理学博士、麻省理工学院从事听说研究的利克里德尔发表了一篇名叫《人—机共生》的文章。在文章中,他表示人脑和电脑将很快紧密地联系在一起。文章还预测,人将通过机器进行交流,这比人与人面对面的交流拥有更高的效率。这样大胆和超前的预测竟然真的实现了。

1969 年,美国国防部出于战略考虑,资助建立了一个名为 ARPANET 的网络(阿帕网),把加利福尼亚大学、斯坦福大学以及位于盐湖城的犹他州州立大学的计算机主机联结起来,形成了最初的互联网。建立该网的初衷是设计多指挥点的分散指挥系统,把这些分散的指挥点以网络形式联系起来,确保实现一个指挥点被击破后,指挥网络不会全面瘫痪的整体转型目标。1971年,阿帕网上的网点数达到了17个。两年之后,阿帕网上的网点数又翻了一番,达到40个,各网点间可以发送文件。1972年,第一届国际计算机通信会议在美国华盛顿举行,会议决定成立互联网工作组,负责建立一种能保证计算机之间进行通信的标准规范,即“通信协议”。1974年,IP协议和TCP协议问世,合称TCP/IP协议。该协议的问世,最终推动了互联网的大发展。

1986年,美国国家科学基金会(NSF)投资,在普林斯顿大学、匹兹堡大学、加州大学圣地亚哥分校、伊利诺斯大学和康奈尔大学建立5个超级计算中心,并通过通信线路互相连接,形成了NSFNET的雏形。由于NSF的鼓励和资助,很多大学、政府机构甚至私营研究机构纷纷把自己的局域网并入NSFNET中。至1991年,NSFNET的子网增加到3 000多个,加之世界上出现了全球性“资源共享、言论自由”的网络人文要求,互联网彻底发展起来。到1993年,WWW(World Wide Web)和浏览器的开发应用为互联网赋予了新的魅力,网民在网上不仅可以看到文字,而且可以看到图片、声音、动画等。从此,互联网日益变成一个丰富多彩的全新世界,以超出网民想象的速度获得了迅猛发展。

互联网本来没有一个明确的定义,直到1995年10月24日,美国联邦互联网委员会一致通过决议,接受了互联网这个专用名词,并对它进行了含义的界定。如今,互联网的定义已经明朗,它是将两台计算机或者是两台以上的计算机终端、客户端、服务端通过计算机信息技术的手段互相联系起来的结果,是网络与网络之间所串连成的庞大网络,这些网络以一组通用的协定相连,形成逻辑上的单一巨大国际网络。互联网作为一种崭新的信息技术,把网民带入了一个真正的信息时代,网民可以通过互联网了解世界、学习、交友、购物等。总之,互联网对人们的生活产生了重大的影响。

我国互联网自 20 世纪 90 年代以来,以人们难以置信的速度获得了发展。1997 年,我国上网用户数为 62 万,1998 年便上升为 210 万,2001 年时已是 3 370 万。

2018 年 7 月,中国互联网络信息中心(CNNIC)发布了第 42 次《中国互联网络发展状况统计报告》。报告显示,截至 2018 年 6 月,我国网民规模达 8.02 亿,普及率为 57.7%;2018 年上半年新增网民 2 968 万人,较 2017 年年末增长了 3.8%;我国手机网民规模达 7.88 亿,网民通过手机接入互联网的比例高达 98.3%,较 2017 年年末提升了 0.8 个百分点;2018 年上半年新增手机网民 3 509 万人,较 2017 年年末增加了 4.7%。此外,使用台式电脑、笔记本电脑上网的比例分别为 48.9%和 34.5%,较 2017 年年末分别下降 4.1 和 1.3 个百分点;网民使用电视上网的比例达 29.7%,较 2017 年年末提升了 1.5 个百分点。在上网时长方面,2018 年 6 月,中国网民的人均周上网时长为 27.7 小时,相比 2017 年年末提高了0.7个小时。显然,互联网在我国的发展是惊人的。在网民中,20～29岁年龄段的网民仍是占比最大的群体,占 27.9%。

二、网络的主要特征

互联网到如今已经发展成为一个全球几乎家喻户晓的交流工具,它之所以能对人类生活,甚至对人的心理产生如此大的影响,是因为它具有其他大众媒体所不具备的特征。以下是网络的几个主要特征。

(一)开放性

开放性可谓是网络最根本的一个特征。网络拓展了人类的认识和实践空间,冲破了时间与空间的地理障碍,让整个世界变成了一个“地球村”“电子社区”,人人都可以进入其中,成为其中的一员,人人都可以在网络上使用最新的软件和资料库。我们会发现,自己比以往拥有了更大的权利话语空间。乐于表达的积极分子可以在各个论坛掀起一次又一次话题聚焦的热潮,而喜欢清净的人也可以在博客的一亩三分地中独自耕耘。在网络上,不同国家、不同民族、不同生活方式的人们通过学习、交往、借鉴,达成共识、沟通和理解,不同观念和行为的冲突、碰撞、融合变得直接和现实。人们交际的范围大大拓宽,层次增多,内容越来越丰富,而限制越来越少。

(二)便捷高效性

网络中的信息是以数字的形态、以电磁波为载体传递的,并且其每时每刻都在更新和传递着海量的信息。所以,我们获取任何信息都非常快速和便捷。虽然有时受带宽的限制,也会发生一点延迟,但比起写信、打电话等不知道要快多少倍。此外,网络面向公众,信息是互动传播的,它使人们不再是被动地接受外来的恩赐与强迫,而是可以根据自己的爱好和需要自主地选择,可以在网上充分表达自己的意愿,抒发自己内心的诗情画意,还可以附加上各种照片、图片、表格等,将意思表达得淋漓尽致。总之,网络使信息的获取与发布变得更为便捷和高效。

(三)功能多样性

网络可以提供各种功能的操作,因而能适应人们的不同需要,使人们的生活丰富多彩,满足人们在物质与精神文化价值上的更高追求。比如,在网络上,我们可以利用许多方法与朋友联系,如 E-mail、QQ、网络聊天室、BBS、微信等。不管对方是否在网上,也不管对方在什么地方,我们只需敲击键盘就可以与他们保持联系。利用网络沟通与交流时,我们也可以采用多样化的方式,如用 E-mail 送去一份深情的问候,或者用 QQ 发去简短的祝福,或者在 BBS 上激烈论战等。总之,网络可以说集各种媒体优点于一体,功能多种多样。

(四)虚拟性

互联网的存在状态是无形的,这就是它的虚拟性。它为人们创造了一个“虚拟世界”。在网络世界里,一切都可以虚拟,如虚拟学校、虚拟商场、虚拟会场、虚拟课堂、虚拟医院、虚拟社团、虚拟家庭、虚拟政治、虚拟经济、虚拟信息、虚拟感情等,甚至有人把性别也虚拟了。

虚拟的网络环境为人类的生活、学习、工作提供了极大的方便。比如,远程教育与虚拟图书馆是网络所带来的一种新型的教学培训以及资料查询方式,受到了广泛的欢迎。虚拟社区的推出,使得网络的虚拟性更有用武之地。在现实世界中,人人希望被理解,人人希望得到承认,人人渴望交流,但现实中的诸多因素阻隔着人交流的欲望,而虚拟社区提供了一个公正公平的交流场所,你可以随心所欲地发表你的想法,与他人进行交流与沟通。不过,网络的虚拟性使得发生在人与人之间的交往易变、混乱,人际关系的不确定性很大。有些别有用心的人还可能利用网络的这一特征钻法律的空子,做违法的事情。

(五)平等性

互联网作为一个自发的信息网络,不从属于任何人、任何机构,甚至任何国家,它没有直接的领导和管理结构,没有等级和特权,每个网民都有可能成为中心。网上的信息不为某一个人独有,而是平等地属于每一个网民。因此,人与人之间的联系和交往趋于平等,个体的平等意识和权利意识也进一步加强。人们可以利用网络所特有的交互功能,互相交流、制造和使用各种信息资源,进行人际沟通。尽管“数字鸿沟”仍然存在,许多“信息边远地区”的人们根本没有机会参与网络人际互动,但总体而言,平等性仍是网络的主要特征之一。

当然,网络的平等性并非绝对的。如果将网络世界与现实世界相结合来看,网络世界是现实世界的延伸,现实世界中的非平等性往往还是会渗透到网络世界中。

(六)个性化

随着互联网技术的不断发展,个性化越来越成为当今时代的主旋律。互联网成了承载人们个性化的重要平台,它把个性化的需求和与此相关的个性化产品和服务整合了起来,让人们的个性越来越凸显。在网络中,人们没有既定的价值标准,没有统一的是非观念,没有强制的规范约束,只要不危及社会,不有意伤害他人,就可尽情展现自我,发表自己的意见,展现自己的能力,表达自己的感情等。总之,网络为人的个性发展提供了广阔的空间,使个体的创造性能够获得极大的张扬。

三、网络对人的影响

网络是一把双刃剑,它会给人带来积极的影响,也会给人带来消极的影响。

(一)网络对人的积极影响

1.网络扩大了信息来源渠道,开阔了人们的视野

在过去,受到诸多条件的限制,人们获取信息的渠道相对狭窄,主要依靠书本、报纸、广播、电视以及人与人之间的交流来获取信息,这使得人们获得的信息是有限的。网络把报纸、广播、电视的特点集于一体,能够迅速地把信息传播出去。人们只要利用搜索引擎来搜索自己感兴趣的信息,或是通过网上聊天、交友,就可以在很短的时间内获取最新的资讯,了解外面的世界,开阔自己的眼界。

2.网络扩大了人际交往的范围

互联网的发展,使空间距离在很多时候已经毫无意义。地理

位置相近曾经是建立友谊的基础,而网络时代的人们则完全不受空间距离的束缚,他们通过网络跨越国界,彼此互相了解。显然,在网络中,人们的交往范围显著扩大,选择性明显增强,生活习惯相互渗透、相互影响,世界各地区、各民族之间的生活习惯逐步趋于一致。

3. 网络增强了个体的归属感与自我接纳

McKenna 等人对网络虚拟群体的研究发现,一些网络中的虚拟群体允许网民以匿名的方式与其他网民交流,这样网民可以把原来受社会称许效应影响而不能说出来的情感表达出来,还可以找到很多和自己在行为和想法上相似的个体。如此一来,网民就能产生群体的归属感,继而增强自我接纳。

(二)网络对人的消极影响

网络确实给人带来了巨大的好处,但同时,它的一些负面效应也正在影响着人的生活。

1. 网络可能会降低人们的感知能力

人们如果长时间在网络上,就可能会降低对一些事物的感受性,这就是心理学上所说的“适应”。心理活动过程中的适应,可以引起感受性的提高,也可以引起感受性的降低。对于过度上网的人来说,随着时间的推移,越来越多的信息对人的感受程度将不再有更多的意义,浏览时间越长,感受性越低,时间浪费的也就越多,由此带来的是丧失时间感或错估时间。美国心理学家金伯利·杨就对此作了比较充分的研究,她指出,当一个人为了某个以前曾经看到过的烹饪食谱而去搜索几百个万维网网站,或者给电子信箱里的信件写封回信,或者在网上做别的事情时,很容易把所有的时间观念都抛在脑后。有时候你会发现,不知不觉中就在网上待了很长时间,1 个小时就像才 1 分钟那样长。

2. 网络可能对人的情感情绪产生不良影响

网络确实通过全方位、多层次的信息传输为社会成员提供了更方便的人际交往和群体关系,拓展了人们的交往范围。但是,在错综复杂、超时空的网络交往中,对交往主体来说,在现实中的是非感、正义感、责任感、义务感、荣辱感、尊严感等都被抛入一个无边无际的虚空地带,加上网络人际关系的虚拟性、不确定性、多维性,使得主体的道德认知、道德意识失去了稳定的根基。

此外,Stoll 和 Turkle 等人通过研究证明,当网民坐在网络终端前,通过缺乏社会交往的媒体与匿名的陌生人交流时,他们会变得社会孤立,与真实的人际关系切断开来。网民用低质量的网络人际关系取代了高质量的现实人际关系,导致幸福感的降低和孤独感、抑郁感的增加。

四、网络心理学解读

当前,已经有不少心理学家采取量的研究方法(如心理测量法、现场实验)和质的研究方法(如访谈法、个案研究、文献综述),从不同的角度对互联网进行了深入而广泛的研究,而相关研究被统称为网络心理学。网络心理学是指以心理学经典理论为基础,以实证研究为手段,研究互联网相关情境下人的心理、行为及其规律性的一门应用心理学学科。它是当前学术界诞生的一个新课题,体现了当前各学科相互融合、相互借鉴的发展趋势。一方面网络技术和传统心理学研究方法的结合促进了心理学研究的网络化趋势,另一方面心理学已经将网络中的心理行为和现象作为自身的研究内容。一些心理学家试图从更为系统化的角度来向人们展示网络心理学的研究成果。美国马里兰大学的帕特里夏·华莱教授的《互联网心理学》,旁征博引了心理学家对网络所做的研究,对网络中的印象管理、团体动力、攻击行为、人际吸引、性别问题以及上网时间等内容进行了论述。在国内,一些著名的心理学网站,如“心理学进取之路”“中国人民大学社会心理学研究所”等都设立了网络心理学专题。《网络心理行为公开报告》《网络受众心理行为研究》等专著也从心理学的角度对网络中心理行为的表现、模式及研究方法进行了探讨。不过,从研究现状看,网络心理学研究还处在初步发展阶段,还需要进一步的探索与努力。

当前网络心理学的研究主要集中于以下几个方面。

第一,网络与认知方面。网络不仅给人们带来了一种全新的生活和学习方式,而且在深刻地影响并潜移默化地改变着人们对自身和对社会的认知。网络空间是一个典型的人机结合的复杂系统,它能形成逼真的、三维的、具有一定视听等感知能力的超现实社会。在这样的网络空间中,人们可不受年龄、性别、相貌、身份差异的限制,克服各种不同文化的障碍,更直接坦诚地表达自己的主张和感受。正是这种网络特性,让人们塑造和认识着不同的自我。在网络中,通过信息的“克隆”,许多信息可以快速高效地呈现在人们眼前,使人很容易在大量的信息中迷失自己,因而不得不对这些信息进行筛选,也不得不在速度和空间面前重新审视和认识自己。此外,网络时代人们的价值观念也发生了深刻的变革,传统的伦理道德不断受到挑战。网络可以掩饰人的真实身份,现实世界的伦理法则不再能有效地实施监控。由此带来的异化,使不同人产生不同认知,导致现实和虚拟的混淆。有的人沉溺于网络中,被网上眼花缭乱的信息所吸引,很难回到现实生活中,更是难以看清真正的自我,以至于变得越来越不理智。近年来,网络中对自我形象的认知、对社会的认知以及对互联网事件的认知等,都成了网络心理学的研究内容。

第二,网络与情感方面。网络的即时性、便利性、匿名性等特点,使得网络成为人们自由阐述观点、抒发情绪、传递情感的一个平台。很多人便是通过博客、BBS论坛、网络聊天室等,把原来想表达但受社会称许效应影响而不能表达出来的情感表达出来,使自己的情绪情感得以释放。如果找到相似的同伴,还会产生一种对群体的归属感。因此,网络会为广大用户带来积极的情绪体验。同样,网络也会给人带来消极的情绪体验。尽管在网络中可以通过文字和符号进行情感的互动,但这同现实中的交流和表达还是有区别的,人们无法体验与感受面对面交流的情感色彩。加之网络所营造的虚拟世界让很多缺乏自制力的网民深陷其中,不愿意回到现实,即便回到现实社会中也变得情感麻木,不愿也不善于与人交流,常常感到孤独和无聊。所以,如何正确处理网络与情感之间的关系,不让人的情感受到网络的负面影响,就成了网络心理学研究的一个重要内容。

第三,网络与人际关系方面。网络的人际与现实的人际相比有很多不同的地方,比如交往的超时空性、交往对象的广泛性和偶然性、交往主体的平等性、交往角色的虚拟化、交往过程的电子文本化以及交往的弱规范性等。这些必然有利于人们交往范围的扩大和交往方式的增多,让交往主体有更多的朋友。但是网络交往也存在诸多的弊端,这在前文已经提到。所以,网络心理学还十分注重探讨如何拥有健康的网络交际,建构和谐的网络人际关系。

第四,网络与行为方面。互联网的出现和发展同样影响着人们的行为方式。网络的即时性和跨地域性等特征,为人们的生活带来了很多便利,如网上学习、网上购物、网上问诊、网上聊天、网上游戏等,让人即使足不出户也能满足一些基本的生活需求。对大多数人来说,他们会受益于互联网的使用,但对一部分人来说,当使用变成滥用的时候,他们就可能会出现病理性的行为问题,如网络成瘾。近年来,诸多学者对网络成瘾问题进行了研究,并且已经获得了一些可喜的成果。目前,关于网络成瘾的内涵、网络成瘾的原因以及网瘾的预防和控制都有较为明确的表述,也确实得到了一定的应用。

第二节　高职大学生常见的网络心理问题

随着互联网的快速发展与普及,以及现代生活对网络的高度依赖,上网已成为高职大学生生活中不可或缺的部分。互联网信息量大、传播速度快,但其内容良莠不齐,因此它带给高职大学生诸多便利的同时,也对他们产生了一些不良影响,尤其是让他们出现了不少网络心理问题。这些问题如果长期存在,会严重损害高职大学生的身心健康,所以必须引起重视。

一、高职大学生上网的心理需求分析

在探讨高职大学生的网络心理问题之前,我们首先应当明确高职大学生上网的心理需求是什么。高职大学生上网的心理需求既有积极的,也有消极的,对于积极的心理需求应当尽可能地满足,但是对于消极的心理需求应当尽可能地改变。

(一)高职大学生上网的积极心理需求

1.认知需求

大学生处于青年中期,正面临着心理断乳期,有着积极探索外部世界的心理倾向,渴望了解书本以外的各种知识、信息和周围多彩的世界,而且常常希望能以最低的成本获取最新、最全面的信息。互联网就为大学生解决了这一问题。互联网上每天都有新信息,且信息量是任何传统媒体所无法企及的,各种各样的新闻、游戏的发布,内容无奇不有,无所不包,凡是大学生喜爱的,都可以在网上找到相关的内容,而且集文字、图片、声音、动漫、视频于一体。这极大地吸引了大学生的好奇心,引起了他们的特别关注和兴趣,激发了他们学习和掌握网络知识和应用技能的欲

望。很多大学生都是把互联网看作一个庞大的信息库,经常上网查询想要知道的一切。

2.沟通与交往的需要

大学生进入大学之后,更加渴望与更多的人交往。网络世界全新的人际互动模式以及全方位、多层次的信息传输,为大学生提供了更方便且范围更大的社会交往机会,使大学生的社会性得到空前的延伸与发展,继而促进了一种全新的人际关系的产生。大学生也非常愿意突破传统交往方式中的年龄、性别、地位、身份、外貌等,以新的方式交到更多的朋友,与更多的人实现沟通与交流。

3.自我肯定与自我表现的需要

新时代的大学生普遍追求开放性和多元性的文化、观念。网络是一个开放的信息源,各种文化、思想、观念都可以在这里争鸣,因而它为大学生的追求提供了很好的平台。在现实生活中,大学生很多时候没有机会发表自己的意见,但在网络世界中,大学生可以自由发表自己的意见,不受什么束缚和限制,而且观点越新颖、越独特,可能得到的反响越大,回应越多。因此,大学生通过网络可以找到更多的自信,也能更好地展现自我。

4.自由平等的参与意识与自我实现的需要

在当代社会中,自由、平等的氛围比较浓,作为一个思想非常活跃的群体,大学生对自由、平等的呼声更高。在网络这个虚拟空间里,很多现实社会的限制都不复存在,任何人都是互联网的“主人”,都可以在网上按自己的意愿参与到一些活动中,做一些自己想做的事,说一些自己想说的话。大学生也特别希望在以网络为依托的平台上扮演自己喜欢的角色,从而展示自我、发展个性,使自己的主体性、创造性得到充分张扬。

5.排解压力与情感宣泄的需要

面对当今社会日益严峻的竞争形势,大学生在学业和就业中所承受的压力越来越大,他们亟需一个可供内心宣泄的对象与空间,让他们通过合理的情感宣泄,从日益紧张的情绪中解脱出来。上网恰恰满足了当代大学生的这种心理需求。网络交流与现实生活的面对面交流有很大的不同,网络交流使用书面语言,不仅有匿名性、互动性、开放性、便捷性、自由度高等特点,而且网络的时间延迟给予人一个缓冲地带,有一个可以进行思考的空间;网络的空间阻隔使人不需要面对面地正面接触,在这样的特性下,他们免除了心中的不安感与尴尬感,可以表露自己的真实思想。当大学生们在学校生活中经历了学习挫折、人际关系紧张、失恋、生活窘困、就业压力等诸多烦恼时,可以通过“虚拟社区”宣泄他们被压抑的不良情绪和情感,向网友倾诉自己的不快,或到对抗性游戏里冲杀一番。这样,大学生就能适时地转移、倾诉和宣泄自己的不良情绪,获得一定的心理自疗效果。

6.娱乐心理需求

网络被称为继报刊、广播和电视之后的第四媒体,集文本、声音、图像、动画等多媒体形式于一体,从某种程度上改变了目前的文化和娱乐形态,深刻地影响着人类的精神生活。此外,网络拥有多媒体形式,它使网络媒体有能力在技术上实现多媒体传播,达到时空交融、视听兼备的综合性艺术效果,营造出特定的情感氛围。因此,大学生在网上可以突破地域的限制,参加游戏、聊天、听音乐、看在线播放电影、读娱乐性网上文章等,从而全方位打开各种感官,使视觉、听觉、触觉协同活动,获得多感官的刺激,体验到心跳、眩晕、紧张等微妙的心理变化,达到真正的审美通感,从而获得精神上的满足与愉悦。当代大学生具有多元娱乐的心理需求,网络正好能够满足他们的一部分娱乐需求。

(二)高职大学生上网的消极心理需求

1.猎奇心理,追求感官刺激的需求

互联网可以在全球范围内传播声像等图文并茂的多媒体信息,而且具有传输速度快、使用方便和难以控制的特点。因此,当它以独特的个性席卷全球时,也成为色情、暴力等不良内容的重要传播工具。大学生的身心介于未成年人和成年人之间,人生观、世界观尚未定型,自控力相对有限,因此,他们往往会出于好奇或冲动的心理刻意去寻找一些现实生活中难以了解,通过正当渠道难以获得的奇、艳事物或信息,借此来获得感官刺激。

2.逃避现实的需求

在大学校园中学习和生活,大学生难免遇到这样或那样的挫折和危机,尤其是感情上的、人际关系上的、学业上的。面对挫折与危机时,一些大学生能很好地应对,而一些大学生则感到难以应对。难以应对挫折与危机的这些大学生有可能就会选择到虚幻的网络空间去倾诉,或者是上网打游戏、看电影、刷微博等,通过各种网络活动来逃避现实中遇到的问题,从而获得心理上的暂时解脱。

3.急功近利的心理需求

在当今互联网迅速普及化的时代,互联网经济作为一种崭新的经济现象越来越得到人们的关注,有很多人甚至通过互联网获得了成功。这使得一些大学生把上网当作通往成功的捷径和有利条件。在他们眼里,网络就是商机,网络就是生财之道。他们本应当专注于知识学习和技能培养,结果将大部分精力放在对电子商务、留学资讯、成才捷径、求职之路等信息的获取上。他们渴望凭借这些信息省一些力气,走一步先棋,成为网络时代的成功人士。了解一些这方面的信息没错,但如果是急功近利心理在作

祟就不太好了,容易走入误区。

4.发泄欲求的需求

有些大学生对于自身一些不合理的想法,在现实生活中不敢表达、不敢发泄,于是利用网络的限制较少这一特性,便在网上肆意发泄。比如,在现实生活中对某人不满,就在网上辱骂某人;在现实生活中不敢对某位同学表达爱慕之情,就在聊天室肆意抒发,不管不顾他人的感受。

5.虚拟的自我实现需求

大学生群体普遍具有强烈的自我意识,都渴望实现自我。虚拟的网络是一个能够实现自我的理想王国。在网络上,大学生可以享受网络特有的平等、自由、成功、刺激的感觉,学习与就业的压力、社会与家长的希望造成的心理上的压抑与孤独,在网络上一扫而光;他们可以突破社会及他人对自己行为的匡正与评价,轻松地实现自我的梦想。然而,虚拟的终究是虚拟的,如果大学生一味沉浸于虚拟的自我实现中,对自己的身心健康会产生较大的负面影响。

二、高职大学生较为常见的网络心理问题

(一)网络成瘾

1.网络成瘾的概念

"网络成瘾"又称互联网依赖障碍、网络依赖、病理性网络使用、网络空间成瘾、网络滥用等,是因频繁、过度使用互联网而导致的一种慢性或周期性的着迷状态,产生强烈再度使用的欲望,并对网络产生心理、生理上的依赖。显然,它是随着网络技术的普及而出现的一种心理障碍。许多国家都陆续出现了这一问题,

并呈现出日趋严重的趋势。目前,网络成瘾也成为影响我国人民健康发展的重要问题之一。

2. 网络成瘾的类型

网络成瘾是一个宽泛的概念,包含了大量的行为问题和冲动控制问题。根据国内外研究人员的研究,一般将网络成瘾划分为以下几种类型。

(1)网络游戏成瘾。这是指沉迷于网络设计的各种游戏中,将大量时间、精力和金钱花费在网络游戏之中,并且往往以学业荒废、现实中人际关系疏远为代价。

(2)网络交往成瘾。这是指过分迷恋在线人际交往,将全部精力都投入与网友的聊天中,并且使网友很快变成比现实生活中的家人、同学或朋友更为重要的人物。

(3)网络信息收集成瘾。这是指冲动性地浏览网页及搜索过多的数据或资料,此类成瘾者花费大量时间在网上查找和收集信息,伴随着强迫性冲动倾向以及因此而导致的工作效率下降两个典型特征。

(4)网络色情成瘾。在网络中,各种与性和色情有关的网站比比皆是,各种淫秽文字、声音、图像信息泛滥,它们可以毫无障碍地在网络中传播,大学生只要稍不留心,就可能陷入其中而不能自拔。

(5)网络购物成瘾。这是指以一种难以抵抗的冲动,一而再、再而三地将大量的时间、精力和金钱用于网上购物、网上拍卖或网上赌博等活动,沉迷其中不能自拔。网购成瘾的人禁不住诱惑买一大堆用不着的东西,究其主要原因是他们平时生活、工作压力大,并以此作为发泄的途径。不可忽视的是,这种惯性行为会演变成一种“强迫行为”。因此,网购成瘾可以被视作“都市病”的一种。

3. 网络成瘾的判断标准

当前,国内外对如何界定网络成瘾还缺乏公认的测量或诊断标准。这里,我们可以将美国心理学会的网络成瘾判断标准作为一个参考,具体如下。

(1)耐受性。指符合下列任意一条者:①需要明显增加上网时间才能获得满足;②上网时间不变,满足感明显下降。

(2)停止上网后,表现出以下任何一种症状:①显著的脱瘾综合征;②急于使用网络或相似的网上服务来减轻脱瘾症状。

(3)上网的次数比计划的多,时间比计划的长。

(4)一直希望能努力减少或控制网络的使用,但没有成功。

(5)把大量时间用在与网络有关的事情上,如购买网络书籍、尝试新的浏览器、整理下载的资料。

(6)因为使用互联网而放弃或减少重要的社交、工作或娱乐活动。

(7)尽管知道上网可能已经导致了持续或复发性的身体、社交、工作或心理问题,但仍不管这些情况而继续使用互联网。

如果在一年内,上述情况出现三种以上即可确定为网络成瘾。

4. 网络成瘾对高职大学生的不良影响

大学生作为青年群体的重要组成部分,是非常喜欢上网的。然而,计算机和互联网与其他形式的信息载体一样,在给大学生带来巨大益处的同时也带来了很多危害。有不少大学生沉迷于电脑游戏、网络聊天、联网游戏,致使学业荒废、人际关系紧张,甚至出现逃学、赌博、非法获取钱物等不良行为。之所以如此依赖网络世界,主要是因为“网络世界能轻易地在大学生的心理上产生一种特殊的满足感”[①]。

大多研究揭示,男生比女生有较多的成瘾行为倾向,男生的网上活动以网络游戏和交友聊天为多,其次是观看在线电视和电影、收发 E-mail 等,而女生在网上的主要活动倾向于交友聊天或

① 刘霞. 大学生网络成瘾的原因分析及对策研究——以呼伦贝尔学院为例[J]. 呼伦贝尔学院学报,2018(4).

浏览网上资讯等。使用网络年限越长的大学生,越容易影响到日常的生活作息;一周上网时数越多的大学生,对网络的渴求也越大;越是以网络人际互动为主要上网动机的大学生,越容易出现网络成瘾症状。

心理医学专家对“网络成瘾症”患者的描述是:对网络操作出现时空感的失控,而且随着乐趣的增强,欲罢不能。大学生患上网络成瘾症后,开始时只是精神上的依赖,渴望上网冲浪,以后发展成为躯体依赖。在躯体生理方面,医学专家认为,网络成瘾症可造成人体植物神经紊乱,体内激素水平失衡,使免疫功能降低,引发紧张性头疼,情绪焦虑、低落,头昏眼花,双手颤抖,疲乏无力,食欲不振等,甚至可导致死亡。同时,由于眼睛长时间注视电脑屏幕,视网膜上感光物质视红质消耗过多,若未能补充其合成维生素 A 和相关蛋白质,就会导致视力下降、眼痛、怕光、暗适应能力降低等,严重者还会出现身心障碍,如躁郁症、强迫性神经症、精神分裂症等。

(二)网络孤独

互联网是开放的,能使大学生接受到更全面、更生动、更形象的信息,但对信息的接收过程却是相对封闭的。在网络上,人们摄取信息时越来越依赖于间接的和抽象的符号系统,这使他们以一种彻底的外在化、符号化的方式和冷冰冰的操作伦理来对待整个人类和真实的社会,形成了一定的网络交流文化。长期处在这种网络交流文化下,人会在一定程度上弱化自己与真实世界交往的能力,也会产生紧张、孤僻、情感缺乏等症状。

网络环境具有高度的综合性,超越简单文字或静态图像的桎梏。然而,信息的高度图像化往往会导致大学生渐渐忽视思考、追问本质的思维方式,其形象化倾向会诱导大学生用“看”的方式而不是“想”的方式来认识世界,它会使大学生过多地依赖信息而忽视实践,加剧大学生的自我封闭,造成人际关系的淡漠,使得人与人之间面对面交往的机会减少,久而久之,大学生就会产生非社会化的倾向,在真实社会中的交往能力变得很低,造成人际情感逐渐萎缩淡化。尽管有不少的网站具有互动性,但毕竟需要依靠冷冰冰的网络、电脑等设备做中介物,大学生网民一旦下线离开电脑,就很难表达自己,无法与他人沟通。由此,不可避免地造成大学生情感上的孤独。当前阶段,大学生出现网络孤独心理问题的现象是比较多的。

在网络虚拟世界交流时,人们常常无法看到对方的面部表情、肢体语言以及副语言系统的变化,即使有视频聊天的辅助,听和看相结合的体验仍然是有限的,因为在绝大多数情况下,人们仍然专注于对键盘的敲击。即使视频聊天变得有效,人们还是不能在聊天中进行身体接触,如握手、拥抱。不少大学生沉溺于聊天室,广泛结交网上朋友,但现在生活中,对于自己的家人、同学却表现得越来越冷漠。由于网络本身的虚拟性决定了网络友谊的脆弱性,没有见面、没有交往,仅仅是通过键盘的敲击,使得网上的友谊缺少了正常社交中语言、表情、体态、行为等多元化深度了解的方式,导致了这种友谊的脆弱、经不起任何打击。网上交友的失败,加上现实生活中人际关系的冷漠,孤独感的存在是难以避免的。

总的来说,患有网络孤独症的大学生一般表现为:独来独往,长时间沉迷于网上活动,缺少团队协作精神,情感过度个人化,社会适应性下降,合作能力和交往能力不高,精神恍惚,远离同学、朋友和亲人,过分依赖网络来宣泄情绪和表达情感。

(三)网络身份迷失和自我认同混乱

美国心理学家埃里克森曾提出,青年期人格发展的核心问题是获得自我同一性,避免同一性的危机与混乱。所谓自我同一性,就是一种有关“我是谁”“将要成为什么样的人”“在社会中处于何处”等问题整合和统一的自我感觉和认识。而同一性危机指的是一种无法正确认识自己,自我处于矛盾与冲突中的现象。同一性的确立标志着个体的自身状态与外部环境的协调一致。大学阶段正是确立自我同一性的重要阶段。互联网在帮助大学生获得信息、娱乐和知识资源的同时,也让他们开始重新审视其赖以成长的这个世界,重新进行自我定位。毋庸置疑,网络为大学生展现自我提供了一个广阔的平台。透过它,大学生能够以自主的方式创立自己的价值体系,开拓自己的生存空间,也能以平等的方式与成人世界展开对话,改变自身的处境,这给大学生带来了极大的满足感。

然而,网络环境的虚拟性、网络信息的多变性等,也可能给当代大学生自我同一性的探索带来混乱。在现实生活情境中,大学生一般都始终如一地扮演着自己的角色,但在网络交往中则不然,网络所提供的各种虚拟情境,会使不少大学生感到身份迷失,角色混淆,无所适从。大学生网络身份迷失和自我认同混乱主要表现在三个方面。

第一,角色混乱。处在网络人际传播过程中的大学生,自我隐匿的心态会促使他们把自己分成若干个角色,尝试各个角色带来的新体验,致使他人对自己产生多种认识,这些认识经反馈会使大学生对自己的认识更加模糊,而自我暴露的心态又使得大学生在各种角色扮演中自觉或不自觉地流露出真实的部分自我。这种分裂的心态常常使大学生迷失在自我的扮相与真实之间。另外,这些角色与大学生在现实生活中的角色之间的冲突可能更加严重。这样,关于自我的认识就很难正常建立起来,大学生在形成一个完整、统一、具有连续性自我的过程中遇到了困难,从而导致角色混乱。

第二,主观“我”和客观“我”之间的矛盾加大。网络社会中大学生的“现实自我”与“镜中自我”是有距离的,“镜中自我”是理想化的,而“现实自我”并不理想,于是二者始终处于一种不一致的矛盾状态中,这种不一致加剧了主观“我”与客观“我”之间的矛盾。因此,大学生在网络社会中很难统一自我意识。

第三,现实与网络难以达成一致。由于大学生在网络社会中的理想“我”总是不能够与现实社会直接接轨,不能与现实中的

“我”达成一致,因而大学生的自我同一性长期处于一种扩散状态,理想和目标过于远大,而无法企及的失望和沮丧又使他们一再产生挫折感和失败感,从而放弃对理想的追求,更加沉迷于虚幻世界中。这使得大学生对本来就很困惑的“我是谁”的问题更加困惑,从而给他们自我同一性的确立带来了更大困难。

第三节　高职大学生常见网络心理问题的解决策略

一、掌握网络心理问题的自我调适方法

网络能给高职大学生带来诸多好处,也会带来不少负面影响。鉴于此,高职大学生就要学会趋利避害,不断加强自身的学习,通过一些正确的自我调适方法,增强自身网络心理免疫和防御能力,培养自身健康的网络心理素质,使自己免受网络心理问题之害。以下就是高职大学生可以采取的一些有效自我调适方法。

(一)正确认知网络

互联网的出现促使人类快速进入了信息时代,它消除了人类跨地域沟通在时间上的滞后性,拓展了人类的交往空间,深刻地改变着人与人、人与社会的关系。然而,网络不止展现了它的自由、平等与开放,还展现了它的诱惑与陷阱。对于大学生来说,应该看到网络是一种很好的工具,要学会让它积极的工具作用得以发挥,但也要自觉抵制网络的各种诱惑,预防各种网络偏差行为的发生,勿把上网作为逃避现实生活问题或者宣泄消极情绪的工具。不少大学生上网初期的主要目的是摆脱孤独、宣泄情绪、缓解压力、满足成就感、追求时尚等,殊不知过度使用或误用网络,将会导致“借网消愁更愁”,上网非但不能达到以上目的,反而成

了生活的消极依赖。

大学生要认识到,网络既是一个信息宝库,也是一个信息垃圾场。网上各种信息良莠不齐、真假难辨,由于缺乏有效的监管,网上负面信息屡见不鲜。大学生一定要清醒地认识到网络文明是人类文明的巨大进步和革命性的飞跃,它给人类带来的进步的文明成果是前所未有的,但网络不是解决一切问题的灵丹妙药,网络社会并非真实社会。为此,大学生要积极参加学校组织的有关互联网教育的学习和培训,适应网上冲浪给自己身心带来的变化,提高自己对互联网的认知水平,学会合理、科学地使用互联网,避免其带来的消极影响。

(二)分析迷恋上网的原因

明白自己为什么迷恋上网,了解自己上网的情结或是诱因,非常有助于大学生避免出现网络心理问题。对此,大学生可尝试进行自我网络心理分析,如进行上网前后的心理感觉及需求的比较,分析自己上网的心理需求和预期是什么,或想逃避的是什么,以及真正从网上得到的是什么、带来的心理变化是什么等,以此来权衡利弊。例如,由于现实生活中的孤独,想借助网络摆脱自己的孤独感,就在网上花费更多的时间,但在现实生活中孤独感并没有因此消除和减弱。这时就需要分析造成孤独的原因,并针对这个原因采取合适的方式消除这个因素,必要时求助他人,帮助自己扭转目前的处境。当然,大学生也可以运用自己在网上表现的优良品质,把它应用到现实生活中,观察一下实际的效果;也可以尝试一种新的生活方式,这样才能够发现一些生活的乐趣,摆脱自身的困境。

(三)约束自己的网络行为

在上网之前,大学生应当首先明确自己的上网目标是什么,并将内容按重要性和紧迫性进行排序。最好是列出任务清单,粗略估计出自己上网所需要的时间,有效控制任务进度。尤其已经有网瘾的大学生,更要学会用这种方法约束自己。

大学生可列出网络心理问题所引发的5个主要问题,同时在另一张纸上列出减少网络使用的5个好处。当面临上网与否的选择时,当打算上网而不是做一些更有意义或更健康的事情时,拿出索引卡片,提醒自己什么是想避免去做的和什么是自己想做的。有针对性地浏览信息,避免成为“网络上的迷途羔羊”。

在上网过程中,大学生也可以利用一些合适的方法提醒自己上网时间已到。以下是几个不错的方法。

(1)设置时间警示框。比如,上网半小时后,电脑上自动弹出“您已上网半小时,距离结束时间还有半小时,请及时调整您的上网任务进度”的对话框。利用这种对话框样式的提醒方式来控制自己的上网时间,往往是比较有效的。

(2)设置自动关机。自己上网前预先限定一个时间,在电脑上设置,时间一到就自动关机。这样能避免养成在网上随意浏览的行为习惯,提高网上的操作效率。当然,为了有些重要东西的保存等,可以同时设置一个关机前十分钟的提醒。

(3)设置手机闹铃。上网前可先设置好闹铃,用闹铃警示自己。当闹铃响时,看任务进展到哪了,如果完成进度不到一半,就得加快步伐,相应调整网上操作进度。

(四)培养“五自”品德

大学生要学会理性地使用网络,可以努力加强自我管理和自我约束,做到“五自”——自学、自护、自辨、自制和自省。

自学,就是自己学,自主学习互联网提供的各种健康有用的资源。

自护,就是学会保护自己的身心健康,注意正常而规律的生活,调整精神状态,上网有节有度。当在网上交友的过程中碰到网络色情言论或网络性骚扰等情形时,应避免上当受骗。

自辨,就是自己学会用科学的世界观、方法论辨析网络信息的能力,辨清网络内容的真善美与假恶丑。

自制,就是自己学会克制自己,自我约束,自持自律,明白应该做什么,不应该做什么,养成良好的“慎独”的习惯,抵御网络中的各种诱惑。把网络作为知识的来源和学习的手段,而不是作为猎取不良信息的途径。

自省,就是自己反省和检查自己,反思自己的网络行为,学会遵照社会价值处理各种经验和情境的变化,使个体自尊和自我和谐发展起来,形成统一和谐的网络人格特质,提醒和告诫自己在使用网络时避免误入歧途,迷失方向,做出有损于社会和他人的事情。

(五)养成健全的网络自我意识和网络人格

自我意识是人的心理区别于动物心理的重要标志,是人的意识的本质特征。网络自我意识是人在网络这个特殊环境中的一种特殊的认知过程。大学生在网络环境中不能丧失这个认知能力,必须处在清醒的认知意识之中,对“我”是什么?他们是什么?网络是什么?“我们”的关系是什么?这些问题必须有明确认识。大学生正处在青春期,是从少年走向成年的过渡期,这个阶段正是人生观形成的关键时期,其心理发展正迅速走向成熟但尚未完全成熟。他们的自我认识具有自觉性和理性、自我评价趋向成熟但仍具片面性、自我意识发展具有理想自我与现实自我等多重矛盾性。因此,大学生必须自觉养成良好的网络自我意识,确保自己在网络环境中保持清醒认识和理性思维,不迷失自我。

大学生健全网络人格的方法,主要是在网络环境中确保自我认识现实、适应社会而又保持独立、建立适宜的人际关系、保持情绪稳定、协调人格结构等。只有具备良好的自我意识和健全人格的网络主体,才有可能成为适应网络和现实社会的人。

(六)积极参加社会活动

参与社会实践活动不仅能体现自身能力,还能锻炼自己,一举两得,两全其美。大学阶段是人际交往能力和人际关系形成的重要时期,由于网络交往与传统的具有亲和感的人际交往大不相同,往往难以形成真实、可信和安全的人际关系。网络跨越时空的特性,虽然实现了形式上的“天涯若比邻”,但仍会出现相见不相识的情况,反过来又使“比邻”若“天涯”。因此,在热衷网络交友的同时,大学生也应时刻提醒自己不要忽略了与朋友相处的时间,区分虚拟社会和真实社会的不同,丢掉幻想,积极地投入到学习、生活中去。现实生活中,有很多丰富多彩的课余活动和社会实践活动。大学生完全可以积极参加,让自己在真实的活动中增进人际关系沟通方面的技巧和自信,提高自己的沟通能力,获得和谐的人际关系和健全的人格。

大学生可以加入学校学生自行组织的一些兴趣团体,在团体活动中发挥自己的优势,展现自我,获得成就感;也可以自创团队,组织同学们较为关心的活动,促进自己进步又服务同学,比起虚拟的网络更富有意义;还可以努力创造机会,主动联系实习单位,做点事情让自己忙起来,转移闲暇时间里对网络的专注,又能使自己学以致用,以用导学,学用兼济。

(七)主动寻求他人帮助

相关调查研究发现,有网络成瘾倾向的大学生大多敏感、退缩和逃避,总是习惯于自己承受心理负荷,不愿主动寻求他人的帮助。其实,网络成瘾者获得他人的帮助,尤其是心理咨询机构的帮助是克服网络成瘾的有效途径。因此,大学生如果已受网瘾的困扰,自身无法克服时,要勇敢地走出自己的天地,积极求助于他人。敢于积极主动地面对自己的问题,做自己行为的主人,才是新时代大学生该有的姿态。

首先,大学生可以寻求朋友、同学、老师的帮助。事实上,当我们需要外力帮助摆脱网瘾时,老师、同学、朋友都会及时出现在我们身旁,对我们的上网行为进行监督,严厉制止我们的网上耗时之举。这对于戒除网瘾是非常有帮助的。

其次,大学生可以向心理咨询机构的专业人员求助。网瘾者应勇敢走向专业人员,心理咨询机构的人员会根据求助者的成瘾程度,从专业角度对成瘾行为采取必要的心理咨询和治疗措施,如对求助者开展认知行为训练或采用现实疗法等一系列方式,使求助者面对现实,学会逐渐解决自身的困扰。

二、营造良好的网络环境

在当今的信息化时代,网络环境已是人们生存和发展环境的一个重要组成部分,人们将越来越难以离开网络。网络环境不仅造就了崭新的学习和交流环境,而且会改变人,甚至改造人。所以,营造良好的网络环境对人类的发展来说至关重要。

为了保障大学生网络心理的健康发展,避免网络心理问题的出现,社会、学校、家庭等多方力量要共同关注大学生的成长,净化、优化网络环境,为大学生提供一个良好的发展平台。这具体可以从以下几方面展开。

(一)维护网络安全,净化网络信息

习近平总书记在谈及网络安全时说:"没有网络安全,就没有国家安全,信息安全是国家安全的基石,与国家安全的各个领域相互交融。"从国家层面来讲,维护网络安全,净化网络信息,是为大学生营造良好网络环境的重要举措。

首先,要鼓励人民正确使用互联网。无论是在日常生活中还是在工作中,互联网都是一个越来越便利的存在。如果人人都正确使用互联网,那么有害信息就失去了存活的土壤而自动消亡。

其次,要建立网络行为监督机制,将道德监督和法律约束机制引入电子空间,健全有关电子信息网络的法律规定,对违规者进行必要处罚。尤其要对一些比较容易被低俗的信息利用的软件加强监管,严格杜绝低俗信息的传播。

最后,要严明立法司法。用法律的武器去限制有害信息的制作和传播,并对已造成危害的有害信息制作者予以法律的惩罚。

在根源上对有害信息的制造者和传播者以打击,让更多的人看到制造和传播有害信息的后果。只有这样,才能有效地打击和清除有害信息。

(二)积极传播优秀传统文化与先进文化

随着国际互联网络的发展,全球化不可逆转的挺进,东西文化将受到全方位的、巨大的碰撞、冲突、交流、消融和吸收,会对大学生原有的价值观念产生重要影响,使其产生认知偏差与心理矛盾。改革开放以来,我国不仅要与世界进行经济与物质的双向交流,更要进行文化与精神的双向交流。只有用进步的思想与文化教育大学生网民,才有可能塑造出健康成长的大学生。因此,营造良好的网络环境,还应当向大学生积极传播优秀的传统文化和先进文化,以便让他们受到正面的影响,杜绝网络上不良西方意识形态的无形渗透。

(三)适应网络时代特点,改进学校教育与管理

在网络时代,信息将会变成一个重要的社会资源,将会成为经济社会发展所依赖的综合性要素、无形资产和社会财富,并逐渐成为决定性的因素。网络改变了人与社会的关系,改变了人们之间的交往方式和人际关系。社会上出现了具有相对独立意义的网民,网民成为人们在社会上生存、发展的新身份。与现实社会公民身份相比,网民具有更大的自由表达权、更大的发展空间、更多的自我表现机会。通过网络,人们可以拥有一个新的公共或私人的生活领域,人们的生活方式出现了崭新的形式。在这样的网络时代中,学校教育与管理工作的重点应当是培养大学生鉴别是非的能力,积极开展各种网络活动,自身装备"网络心理健康防火墙",使大学生自觉地维护和保护自己的身心健康。学校还应该帮助大学生建立各种团体,在大学生参加团体组织的活动过程中,满足他们被接纳、关爱和归属的需要。与此同时,学校还应制定《上网学生行为规范》及《大学生上网违章行为处罚条例》,加强

法规制度的宣传教育,加强大学生的网络责任意识,一旦发现网络违法行为则严加处罚。

(四)开展网上心理咨询

网上心理咨询是指以网络为媒介,运用各种心理学理论和方法,帮助当事人以恰当的方式解决其心理问题的过程。随着互联网在生活中的重要性日益增加,网上心理咨询越来越发挥出其自身的强大作用。因此,国家应当重视网上心理咨询的建构。

网络具有快捷、保密性好、传播面广的优势,因此,可以设立心理咨询网站,传播心理知识,进行网络行为训练的指导,开设在线心理咨询。面对大学生网络心理问题,也可以通过抓好对大学生上网的心理、网络人际交往的心理特征、网络心理障碍、虚拟与现实的人际关系的比较等大学生网络心理问题的研究,确立一套可操作的、有效性强的网络心理障碍咨询方案。

三、加强高职大学生网络心理健康教育

除了高职大学生的自我调适,高职院校对维护大学生的网络心理健康有着义不容辞的责任。教育不能仅停留在思辨和理论阶段,而应建立科学的网络心理健康教育理论,并采取有效的教育模式和具体方法。要想从学校层面加强高职大学生网络心理健康教育,可从以下几个方面着手进行。

(一)加强对高职大学生客观认识网络的引导

作为学校教育者,不应当把大学生上网看成是洪水猛兽,这样当大学生遇到冲突时,网络反而会成为一种消极暗示。正确的做法是,教育者以身作则正确看待网络、使用网络,同时引导大学生正确看待网络、使用网络。比如,加强大学生对网络工具性和资料性的认识,培养大学生树立正确的网络观,使他们既不依赖网络,也不谈“网”色变,同时培养大学生健康、良好的网络使用习惯。

(二)对高职大学生加强选择性教育

大学生接触网络主要是在校园内;上网时间因学习的需要而显得没有规律;掌握网络知识的媒介以自学为主;上网内容和动机上表现出较强的主动性和好奇心。针对这些情况,学校应该对大学生开展“选择性教育”,即价值选择和网络选择教育。通过价值引导,教会大学生对网络所负载内容的价值性进行合理的判断和选择。一方面,学校应教会大学生做网络的主人,充分利用网络提供的信息;另一方面,学校要让大学生认识到网络并不是我们生活的全部,不要在网络中迷失自我。

(三)加强时间管理教育

做好时间管理是管理好自己的首要环节。在网络成瘾的机理中,耐受性是非常突出的指标,时间的不断追加使网瘾行为不断得到强化。因此,加强时间管理教育也是学校加强网络心理健康教育的一项重要内容。学校教育者要指导大学生制订计划,利用时间表规划上网学习和娱乐的时间,并按轻重缓急将上网所需完成的任务列出,在完成学习任务后方可进行一定时间的娱乐活动,从而更加有效地使用网络。当然,想要系统地进行时间管理训练,教育者先要指导大学生检查时间管理的现状,可从一学期、一个月、一周、一天等不同时间层面进行自查。在这一过程中,大学生应做好以下几个问题的回答:你是否在有意识地进行时间管理？你制订过计划或目标吗？你的计划或目标是否有明确的时间要求？你能很好地在计划时间内实现你的计划和目标吗？你的一天是如何度过的？这些问题都是思考和检查个人当前时间管理现状的重要线索。

在问过这些问题之后,如果觉得回答让你沮丧,那先检视现存时间管理存在的问题及原因。明白问题和原因之后,重新确定价值观和目标。这主要是想想什么对你而言是最重要的？你想要得到什么？接下来就到具体执行阶段。

首先,进行阶段性规划和具体排序。在初期开始有意识进行时间管理时,可设置短期目标,制订详细计划,做出具体排序和时间安排。

其次,按照确定的时间表执行。注意检视执行中存在的问题,如时间安排的可行性、无法准确执行的问题等,这是培养自觉进行时间管理的重要开始。

对于尝试克服网络成瘾的大学生而言,教育者应当帮助其制订上网计划并请家人或好友进行监督,逐次减少他们上网的时间。

(四)开展团体心理辅导

要解决大学生的网络心理问题,高职院校还应注重团体心理辅导。团队心理辅导就是指心理辅导者借助团体的力量和各种个体心理辅导理论与技术,就团体成员的心理问题面对面与他们共同商讨,提供行为训练的机会,为团体成员提供心理帮助与指导,使每一位团体成员学会自助,以此解决团体成员共同的发展或共有的心理障碍的方式。一般来说,学校开展团体心理辅导活动,主要涉及以下内容。

第一,缓解成员的心理紧张和焦虑情绪,利用成员的相互介绍和成员共同参与度高的游戏活动转移他们对心理问题的过度关注,放松心情,初步拉起一道心理安全网。

第二,让成员讲述各自的成长经历,并做自我评价。其他成员获得“和别人一样的体验”,产生情感与心灵的共鸣。

第三,开展网上信息认识的讨论交流,引导他们正确评价网上信息,共同为提高自身的信息素养出谋划策。

第四,展开网络与网络技术的研讨,使他们明了网络的两面性、技术中立性和网络技术的工具性。

第五,设定基本的人际交往情境,辅导者做交往行为示范,求助者模仿学习。

第六,让每个成员把网络人际交往与现实中的人际交往的异同以及这两种交往中的困惑一一列举出来,并进行归因。之后,让全体成员倾诉各自在人际关系上的困惑,成员间进行互相辅导,帮助对方寻根究源,寻找人际关系改善的途径。

第七,小组讨论上网行为的自我管理,彼此订立互相监督上网的契约。

通过对以上七个方面的内容进行团队辅导,可以在很大程度上使大学生的网络心理问题得到有效的调适。之所以有效,是因为团体心理辅导主要是把大学生放入辅导与治疗团体中,建构一个群体环境。在这样的群体环境中,成员彼此讨论交流,就会使大学生发现他们共同的情绪体验,发现自己的心理问题并不是独一无二的,团体中的其他人有着相似的忧虑,甚至比自己还要严重,如此一来,大学生就能降低心理上担忧与焦虑的程度。此外,在团体辅导的环境中,成员之间潜在的存在着情绪、态度和行为意向的互动、相互感染的群体氛围和群体压力,存在着成员之间的模仿与监督,这些对于网络心理问题者健康心理的获得与稳固有非常积极的促进作用。

第七章　培植幸福：高职大学生的恋爱心理问题探析

爱情是一个古老而又常新、真实而又神秘的话题，爱情也是人类永恒的主题，爱情还是人生的重要内容。高职大学生正值花样年华，他们已经进入恋爱的年龄阶段，对于爱情有着美好的向往和热烈的追求。但是，爱在给人带来快乐的同时也会带来伤痛，加之高职大学生缺乏经验，如果在恋爱关系中处理不当，非常容易引发各种心理问题。因此，探析高职大学生的恋爱心理问题，指导他们妥善处理恋爱问题，是高职大学生心理健康教育的重要内容。

第一节　恋爱的内涵

一、爱情与恋爱

（一）爱情的含义

从古至今，爱情是一个永恒的话题，是充满魅力的字眼。爱情是人类在生命繁殖本能的基础上，产生于男女之间的相互倾慕、渴望结合的复杂心理活动。虽然不同的学者对爱情的表述各有不同，但基本内容都包含生物、精神和社会因素三个方面。

要想真正理解爱情，必须从以下几个方面来把握。

第一,真爱是关心。爱,是想对方之所想,给对方之所需,是无私地给予和关心。关心是具体的,一点一滴的,大到关心他(她)的前途、命运,小到给他(她)买一条围巾等。细腻的关心需要从对方的神情中敏锐地捕捉他(她)的心理反应,关心不能凭自己的主观想当然地强加给对方。真正的关心是悉心观察对方所需,做到雪中送炭,锦上添花。

第二,真爱是信任。信任是一种尊重,也是一种自信,不必盘问对方的每个细节,更不必去跟踪调查。爱一个人就要先信任他(她),不要凭感觉随意猜疑他(她),给他(她)一个自由的时间和空间,相信他(她)对你的爱。

第三,真爱是给予。人们往往把爱看作被爱,注重怎样被人爱,怎样使自己获得爱。为了达到被爱的目的,男人渴望取得权力和财富,女人注意梳妆打扮,目的在于引起别人对自己的爱。但那些不做作、真诚主动地给予对方爱的人,在不问收获、埋头耕耘的过程中,自然而然地获得了爱。

第四,真爱是宽容和理解。罗杰斯说:"爱是深深的理解和接受。"宽容中包含着理解、同情与原谅,是最大限度地接纳对方。既要接纳对方的长处,也要接纳对方的短处,但要注意限度和原则。

第五,真爱是尊重。尊重的具体内容包括对方的职业、爱好、选择、隐私和不同于自己的观点和生活习惯等方面。

第六,真爱是专注。人一生可能不止爱一个人,但那是在人生不同时刻发生的事情。真爱不能同时发生在两个对象身上,只有专注才能获得充分的知觉和感受,爱情也需要专心,要求感情的和谐完整。

第七,真爱是理性。马克思说:"真正的爱情表现是恋人对他的偶像采取含蓄、谦恭、甚至羞涩的态度,而绝不是表现在随意流露热情的过早亲昵。"一时的狂热迷恋是一种危险的情感,只是一种生理上要求与异性接近的渴望。

第八,真爱是独立。独立不是疏远,而是指与人相处时有自己独立的思考和行动,不轻易受他人左右,知道自己真正需要什么。独立的心态是一种成熟的品质,是心理断乳的标志。爱需要保持独特个性和独立人格,不让自己消融在对方的影子里。

(二)恋爱的含义

对于恋爱的含义,中西方学者都有各自的解释。恩格斯认为,恋爱是人们彼此间以相互倾慕为基础的关系。英国心理学家蔼理士认为,恋爱是一种吸引的情绪与自我屈服的感觉之和,其动机出于一种需要,而其目的在于获得满足这一需要的一个对象。我国心理学家黄希庭认为,男女双方培养爱情的过程称为恋爱,处于恋爱状态的男女会产生特别强烈的互相倾慕。

本书认为,恋爱就是异性之间在生理、心理和环境交互作用下,互相倾慕和培植爱情的过程,即体验和实施微妙和神奇的感情的过程。实质上,恋爱就是异性之间为成为伴侣而有意进行的相互接触的过程。恋爱具有直觉性、隐蔽性、排他性和冲动性。

二、恋爱的动机和类型

(一)恋爱的动机

1.爱情驱动

双方由于在学习和交往中彼此了解,友谊加深,逐步产生倾慕之情,这种爱情基础比较牢固,双方都非常珍惜。这是最常见的一种爱情驱动,另外一种爱情驱动称为一见钟情抑或一闻钟情。一见钟情看上去是很神秘的,两个陌生人居然一下就产生了“感觉”。不过这感觉并非无端产生,它有这样一些来源:大学生已经基本发育成熟,因此会有性的欲望和需求,这是产生“一见钟情”的生物学基础。此外,大学生的文化背景中的某一部分对这一行为是肯定的。在他们所接触的古今中外文学艺术经典中,不乏“一见钟情”的故事。当事人的意识与潜意识目标相符,所谓潜意识目标,就是心目中理想爱人的图画,这幅图画是在家庭、社会的种种影响下形成的。一旦现实生活中出现了类似的目标,就会不知不觉地把脑中的影像授射出去,并采取行动。同时,与社会上的生存竞争压力相比,校园环境比较轻松,不需要做太多的现实考虑。

2.排遣孤独,寻求感情寄托

第一,高职大学生远离家乡和父母,异地读书,进入人生的“第二断乳期”,于是很自然地将过去对父母、对家庭的依赖和亲近转为对异性的亲近感,想通过与异性交往来排遣孤独,获得精神慰藉,这种情况女生多于男生。

第二,高职大学生相对中学生比较自由,学习负担不是很重,自主支配的时间比较多,有的高职大学生没有明确的理想和目标,精神比较空虚,于是想找一个恋爱对象来充实空虚的心灵,寄托自己的感情,这种情况男生多于女生。

第三,逃避痛苦是人的本能。在大学生活中,人际交往、学习考试等都可能给大学生造成身心压力,使他们产生压抑感。而恋爱是建立一种比较亲密的关系,可以造成注意力的转移,也可以摆脱孤独。

3.虚荣心理

少数高职大学生谈恋爱是由于虚荣心理,在他们看来,在大学里谈恋爱是一件令人羡慕的事,是一种本事和能力的象征;相反,没有恋爱则是一种无能的表现。有些女大学生认为有男生追求、爱慕、庇护,才表明自己有魅力,追的人越多,越感到自豪、荣耀。

4.功利心理

社会的激烈竞争、就业压力的扩大,使很多高职大学生比较务实,在选择对象的时候往往考虑的不是对方适不适合自己,是不是为了真正的爱情,而是把爱情建立在对方家庭的社会地位、经济条件的基础上或以父母的社会地位和家庭的优越条件为资本,待价而沽,或从今后就业、升迁等个人目的出发,总是借爱情的外壳盘算从对方那里得到好处,似乎爱情的目标不是对人本身,而是其家庭所有,一旦发现有利用价值,就会采取一切措施,不达目的不罢休。少数高职大学生恋爱是出于功利考虑,如有的为了毕业后能够留在大城市工作,就想通过与城市学生恋爱来实现自己的理想;有的为了能谋得一个好的工作单位,就千方百计与有家庭背景的大学生恋爱;极少数甚至想通过恋爱来达到吃穿玩的满足。

(二)恋爱的类型

1. 恋爱的一般类型

(1)焦虑型

焦虑型的个体渴望亲密,渴望拥有与伴侣保持亲密关系的能力。他们将自己全部的精力投入恋爱之中,往往担心伴侣在恋爱交往中的互动能力,容易担忧伴侣是否爱自己、是否珍重自己,担心伴侣不会像希望的那样与自己保持亲密,担心付出得不到回报,结果反而被伴侣视作过分依赖而引来麻烦。这种恋爱类型的人时常情绪不稳、善于忌妒且反应极端,在恋爱中消耗大量的情感能量。他们对伴侣情绪的微小波动都非常敏感,过度地用自己的想法看待伴侣的行为;在无法听到伴侣的声音或者感觉另一半逐渐与自己疏远时,常做出过激反应。

(2)回避型

在回避型的个体眼里,保持独立非常重要,因而他们害怕且逃避与伴侣的亲密,对独立的重视程度往往超过彼此间的亲密。他们也希望与伴侣亲密,但过度亲密又让他们感到不舒服,所以往往选择与伴侣保持一定距离,不会敞开心扉,导致伴侣经常抱怨彼此间存在距离感。无论是单身状态还是坠入爱河,回避型个体都经常与对方保持一段距离,难以与他人真正亲近,但这样的行为模式会阻碍恋情发展,最终与属于自己的幸福失之交臂。

(3)安全型

安全型的个体相信和其他人建立亲密关系是容易的,在恋爱中对伴侣满怀爱意,多表现出温柔、多情的一面。他们享受与伴侣之间的亲密,同时不会对失去伴侣过分担心。他们能够有效表达自己的情感,善于发现和了解伴侣的情绪变化。在日常生活中,他们与伴侣分享自己的成功和所遇到的问题,并且能够在伴侣需要他们的时候提供支持和帮助。同时,他们能够信任自己的伴侣,这也意味着他们能够各自自信地独立活动。

2.高职大学生常见的恋爱类型

(1)追求浪漫型

大学时期的男女往往把恋爱看成一种神秘的、奇妙的、难以理解的力量。这种对恋爱的浪漫态度,典型的表现是“一见钟情”,认为恋爱是婚姻的唯一标准,真正的爱是永恒的,一生只有一次等。这类高职大学生情感比较丰富,他们并非不尊重爱情,而是觉得花前月下的刺激比爱情的责任和义务更富有色彩和韵味。

(2)生活实惠型

进入大学后,毕业去向是高职大学生最为关注的主题。恋爱无可非议地揉进了毕业动向的条件,同时家庭条件和对方的发展前途也是各自关注的条件。一些高职大学生彼此间的爱慕与向往也许并不强烈,但是有确定的生活目标。

(3)精神寄托型

这类高职大学生在精神上不太充实,同性朋友较少,时常感到孤独、烦闷。为了弥补精神上的空虚,他们急欲与异性朋友交往,恋爱成为一种近景性的精神需求。尤其是周末,当寝室的室友成双成对走出校园,自己一人在寝室时,有一些同学会有一种想谈恋爱的感觉。女生的这种心理体验尤为明显。

(4)事业爱情并重型

这类高职大学生具有正确的恋爱观,既注重自己事业的顺利发展,又兼顾感情的健康发展,他们不会为爱情放弃自己的事业,也不会为了事业全然抛弃自己的感情,能正确处理事业与爱情、事业与生活的关系。恋爱双方有较强的事业心、进取心和自控能力,有共同的理想抱负、价值观念,把事业的成功作为爱情持久的目标,不仅把恋爱看成人生的快乐,而且能把幸福的爱情转化为学习和工作的动力。

三、恋爱的影响因素

(一)外表的吸引力

外表的吸引力是建立人际关系的重要因素。心理学家研究发现,男性的俊美在友谊或恋爱中起着举足轻重的作用,这一因素不仅在异性中颇具吸引力,而且在同性中也颇具吸引力,相比之下,女性却不怎么看重男性的体势吸引力。但也有人认为,在建立人际关系或者在发展人际关系时,女性受到体势吸引力的影响不比男性小。人们也许都想要漂亮的伴侣,但结果通常是人们和外貌相当的人结成伴侣。在已建立起来的关系中,伴侣之间的外表吸引力水平是相似的,长相是匹配的,这一现象就叫般配。

外表因素固然重要,但它既不是唯一的因素,也不是位居首列的因素。正因如此,男性对于那些标志着女性生育能力的特征(诸如年轻、有吸引力、健康等)表现出很大兴趣。相比之下,女性要比男性更多地关注对子代的投入,尤其渴望自己的伴侣能够供养和保护他们的妻子和孩子。所以,女性的注意力集中在男性获得资源的能力上(诸如成熟、挣钱能力、地位等)。当然,随着女性经济社会地位的上升,她们对男性体势吸引力的偏爱也会上升,而不再过多渴望自己的伴侣能够供养和保护他们的妻子和孩子。

(二)互惠原则

在经过几次初步的接触以后,人们之间开始了相互熟悉过程。从理论上说,接纳、信任、尊重、自信、理解、自主、互助和主观幸福等品质是决定关系得以保持的重要因素,可是所有这些因素都根据相互喜欢的诱导、人格特征和感觉得到的相似性而变化。

人际关系中的互惠性原则包含这样一个主导思想:如果一个人想有个朋友,那么他或她就应该成为他人的朋友。相互喜欢是指个体喜欢那些喜欢自己的人。如果一个人相信别人喜欢自己,那么他或她也会喜欢对方。这里,自我实现预言起着重要作用。例如,当你熟悉的人是诚恳的、乐于助人的,或者经常运用非言语的行为(眼神接触、身体前倾、笑脸常挂等)来表示他们对你的兴趣时,你也会跟着这样做。你的行为反过来强化了他们的积极反应,这种反馈证实了你的期待。

与互惠性原则相对立的是非互惠性原则,该原则的主要表现是对拒绝的人表示拒绝。在这个意义上说,人们之间的相互喜欢具有互惠性原则和非互惠性原则相结合的性质。也就是说,人们更喜欢具有适度选择性的人,因为喜欢所有人的人可能被视为没有标准的人,而几乎没有喜欢对象的人则被认为是自负的人。

(三)相互吸引的人格特征

人格特征是影响人际吸引力的重要因素,如果要求男女双方去评价他们关系中的身体特征和心理特征,那么人格特征的评价要比身体特征的评价对浪漫关系更加重要。一旦男女双方坦诚表露双方的内心感受和体验,那么他们的关系会表现出如下人格特征:自我表露与自我展示。

自我表露是指人们主动把自己的思想、情感、态度等他人不知或知之不多的方面向他人表述出来。在人际交往中,认真地、有意识地公开自己,向别人传达个人的信息,称之为自我展示,或叫自我推荐、自我呈现。

两性交往熟悉的程度与自我表露的程度相关。随着男女双方逐渐熟悉,他们会更多地表露自我。起初,双方的交流仅仅涉及各自的生活层面,很少谈到感情。然而,时间会使双方的感情迅速升温,进入到热恋阶段时,双方情感深度卷入,当然也会伴随性的冲动和接触,关系密切并逐渐稳定,情感体验深刻,双方开始全方位地体察对方,越来越深入地了解对方。一旦两人之间达到非常了解的程度,在爱恋关系中,双方不再追求即时的回报。当然,随着双方关系面临结束,自我表露的方式也会发生变化。这时,言辞可能产生伤害。随着关系的终止,双方常会发掘对方平时深藏不露的丑陋隐私加以指责,并且开始宣泄日积月累的抱怨、不满和夸张的悲愤。

第二节　高职大学生常见的恋爱心理问题

一、高职大学生常见的恋爱心理误区

(一)好奇心理

高职大学生的性心理日趋成熟,对异性充满着好奇,异性的容貌、体态、风度、谈吐、才能以及神秘感都对之产生很大的吸引力,潜意识里都有一种渴望与异性接触的冲动,从而产生了一种想亲身体验爱情的愿望。魔瓶里究竟装着什么?为什么满足好奇心会导致恋爱的发生?未知的事物总是神秘的,充满了诱惑力。对于没有恋爱经历的人来讲,恋爱可能具有刺激物的相对特异性,因此具有很强的诱惑力。高职大学生正处在喜欢探究世界与自我的年龄,所以当机会出现时,即使不爱对方,有人也会去尝试。在好奇心的驱使下开始的恋爱,带着很大的盲目性。由于年龄小,缺乏知识、经验、自知力等,常常会经历爱情的失败。

(二)游戏心理

近年来,受不良文化和社会消极现象的影响,部分高职大学生产生了游戏人生、追求享乐的人生观。他们的恋爱动机是满足与异性交往的欲望,寻求刺激,填补精神上的空虚,甚至发生婚前性行为。他们见一个爱一个,完全是一种游离于婚姻之外的享受和消费。这种害人害己的心理,既伤害了他人的感情,也让自己陷入空虚、麻木、精神贫乏的境地,丧失了追求更高品质的动力和对生活的热情。

(三)依赖心理

依赖心理主要表现为占有式的依赖,占有心理是对恋人极度依赖的反映,对所爱对象具有强烈的占有欲和控制欲,将全部精力投入到爱情生活,并要求对方以同样的方式回应,把爱人当作自己的所有物,排斥其他人的干扰。这种心理使恋人经常陷入紧张、焦虑和不安的情绪之中,无法安心学习,严重影响了双方正常的人际交往,妨碍了高职大学生之间的群体交往。

(四)从众心理

高职大学生群体具有同质性、相似性、易感性等特征,这就决定了他们容易成为从众现象的多发群体。许多高职大学生恋爱并不是出于对爱情的渴望、对恋人的欣赏,而是因为周围的人都有了交往的对象,看见别人成双成对,感到自己日渐孤独、不合时宜,于是抱着随大流的态度,也找一个朋友谈恋爱。在这种心理作用下产生的恋情,恋爱者往往并非出自真情,从而导致感情难以维持,经常是稀里糊涂谈恋爱又稀里糊涂地分手,到头来既耽误了学业,也伤害了感情。

(五)嫉妒心理

在恋爱中,嫉妒的心理基础是爱情的占有欲,是一种偏离常态的占有欲。爱情和嫉妒似乎自古就是天生的双胞胎,爱的越深,嫉妒也越深。但一旦妒火过剩,会导致严重的后果。

克服嫉妒心理的最好方法就是消除猜疑。首先,恋人之间要相互信任,一旦发生误解,应及时开诚布公地进行沟通,敞开心扉,及时把嫉妒的苗头消灭在萌芽状态。其次,要胸襟豁达。爱情对双方来说都是平等、独立、自由、自主的,绝不是一方对另一方的占有,不应把另一方看成自己的私有财产,不应该刻意阻止对方与其他异性朋友正常往来,要信任对方,自己也该扩大交往,走出狭窄的小圈子。最后,要加强自身修养,学会控制自己的情绪。倘若对方爱上了别的异性,确实无法挽回,应该尊重对方的选择。如果有希望,就必须以自己的真情打动对方,找回失落的爱情。

(六)爱情理想化

理想化爱情往往表现在恋爱对象选择的理想化、恋爱对象偶像化、恋爱观念非理性化三个方面。

第一,恋爱对象选择的理想化。大学生往往喜欢按自己心目中的一套标准去选择恋爱对象,这种标准几乎接近于完美。

第二,恋爱对象偶像化。"情人眼里出西施",由于部分大学生的自我知觉高度不够,常倾向于把自己所爱的人"神化",只看到所爱的人最为优秀、美好的一面,并把对方的一切当成是自己生活幸福的源泉和全部,认为对方一切都是完美无缺的。为了爱情,渐渐失去了对自己正确评估和自我觉悟的力量,为了被爱的对象会想方设法去创造条件迎合对方,从而失去了自我。从现实生活的实际情况来看,很少有人能够达到偶像的条件,也不可能完全放弃自我,而且一旦真的放弃原来的自我,就会迷失自己,甚至讨厌自己。这种偶像化的爱情往往被误认为是真正的或是伟大的、崇高的爱情,而实际上这种为了对方完全改变自我的爱情成功率很低,一开始看不到对方身上的不足或缺点,随着时间的推移,结果多是失败和失望。

第三，恋爱观念非理性化。爱情一旦开始，就将伴随个体的生活。爱情观对爱情人际交往影响广泛。有人对爱情的非理性观念进行了总结，把它归纳为以下几类，很有借鉴意义：没有爱情的大学生活是失败的；爱情靠努力可以争取到，即付出总有回报；爱不需要理由；因为相爱而发生的性关系无可非议；恋人是完美的，爱情是至高无上的；爱是缘分也是感觉；不在乎天长地久，只在乎曾经拥有；爱情重在过程不在结果；爱情能够改变对方；失恋是人生重大的失败。受非理性恋爱观念的影响，大学生挫败感自然会增多增强，还会影响他们的正常生活、学习和工作。有的大学生因为爱而荒废了学业，甚至极个别大学生为了所谓的高尚爱情而采取极端行为。

（七）爱情功利化

爱情本来是一种最真挚、纯洁的感情，是非功利的，但随着时代和生活的变迁，大学生的爱情越来越披上功利色彩。有的大学生为了达到自己某种特殊目的而不惜以爱情作为交换条件，如为了摆脱孤独寂寞、毕业后留在大城市、找一份好工作、能够有更多的钱花等。这些大学生奉行的是现实主义、实用主义和功利主义，认为找到好对象就等于找到靠山，就等于为自己缩短了与成功目标的距离。

（八）爱情放纵化

为了爱情放纵自己的行为，主要体现在以下两个方面：一方面把爱情当成大学生活的全部，脑子里整天想的是如何让自己的爱情永葆青春，而不再关注自己的学习和工作。因此，平时不学习，考试抱佛脚，毕业恨悠悠。另一方面，有部分大学生由于对爱情认识的不足而把爱情当成是唯一性情感，认准一个对象绝对不放手，容易出现猜疑、自卑、嫉妒等情绪，给恋爱过程带来困扰，可能引起争风吃醋、互殴事件，甚至生命伤亡等。

二、高职大学生较为常见的恋爱心理问题

(一)单恋

单恋又称单相思,是指一方倾心、爱慕于另一方,却得不到对方倾慕与热爱的单方面的爱恋。单恋多是一场感情误会,是“爱情错觉”的产物。“爱情错觉”是指因受到对方言谈举止的迷惑,或自身的各种主观体验的影响而错误地主动涉足爱河,或因自以为某个异性对自己有意而产生的爱意绵绵的主观感受。严格地说,单相思不是真正意义上的爱情,最多只能算是一种还没有开始就已经结束了的爱情,是一种畸形爱情。

单恋有两种情况:一种是毫无理由的单恋,对方毫无表示,甚至对方还不认识自己,而自己执着地爱对方、追求对方,这种恋爱是纯粹的“单向”;另一种是爱情错觉,即错认为对方对自己也有情,于是“落花无意”变成“落花有意”的假“双向”,而实际上是真“单向”的单恋。

(二)失恋

失恋是指恋爱关系的中断或中止,并且往往是指一方否认或中止恋爱关系而另一方却难以从恋情中走出来的心理现象。失恋是痛苦的,会引起一系列心理反应,如悲伤、孤独、难堪、羞辱、失落、虚无、绝望和报复等,失恋者容易出现忧郁、自卑,有的甚至为此做出傻事或蠢事。因此,大学生要学会冷静客观地面对失恋,澄清一些事实,学会三思而后行。

造成大学生失恋的因素很多,而且很复杂,主要有思想、个性等不合或是分歧较大,感觉不适合继续往下走;恋爱动机不端正;初恋的盲目性、浪漫感慢慢被现实所取代而中止恋爱;一方见异思迁,移情别恋;家庭因素,恋爱遭到双方父母的强烈反对,而双方又慑于父母的威严不得不分手;社会因素,包括受就业、地域风

俗、文化观念及其社会舆论等压力影响,不得不分手;个体自身缺陷,如果不加反省、不加克制,对方无法容忍或接受后容易导致失恋;双方缺少良好的沟通和交流等。

失恋后不同的个体往往会做出不同的反应,通常可以分为消极的反应和积极的反应两种。

积极的反应具体表现为:冷静面对,分析原因;不否定自我,也不抱怨对方或是社会,而是宽容对方;自信而不自负,积极完善自我;合理宣泄,及时调整;多参加一些活动,丰富业余的生活,转移注意力;情感升华,失恋不是意志消沉,而是积极投入学习、工作当中;自我安慰,超脱豁达。

消极的反应具体表现为:悲观失望,自我否定;吃不到葡萄说葡萄酸;"一朝被蛇咬,十年怕井绳"的逃避心理;强行补救,如在异性或第三者面前以苦苦哀求、痛哭流涕、下跪磕头,甚至寻死觅活等方式要求重归于好;打击报复;麻醉自己,有一些大学生失恋后以酒消愁、以烟解闷、沉迷网络等,在酒精、尼古丁与游戏中寻找精神寄托;寻找替代感情;自我封闭。

(三)网恋

网恋是指个体通过网络结识对方,并和对方确立恋爱关系,同时通过网络维持感情沟通和交流的爱情模式。网恋的潜在危险性很大,隐秘性也较大,欺骗性明显,网络往往是犯罪者实施犯罪的主要载体之一。网恋诈骗事件时常发生。

高职大学生选择网恋的主要原因是网络具有隐秘性。在现代社会,高职大学生的学习、生活压力日益增强,他们渴望及时宣泄自己的情绪情感,但又不想暴露自己的身份,网络就为他们提供了一种宽松、适宜的平台。尤其是对于性格内向、现实生活中人际交往口语表达拙劣的大学生,网络可以让他们无所顾忌地与别人交流。同时,网络还能够满足大学生活动空间扩大的需求。网络不像现实生活中的人际交往,它无需讲"顾忌""顾面子""适时沟通"。网络交往对象的可选择性远远超过现实生活,容易找到“志同道合者”。另外，网络迎合了部分大学生对浪漫爱情生活的向往，在现实生活中有些难以表达的情感或是说不出口的话语，在网络中都可以轻易实现。与现实中的爱情相比，网恋不需要事先考虑对方的外在硬件（如身高、外貌等），也无须考虑内在软件（如学历等），只强调“讲得来”“有共同语言”“交流通畅”等的内心感受，是一种可以全身心地投入的纯粹爱情。

但是，高职大学生的网恋很容易走向失败，因为网络的监管主要依赖于道德，在网上大多数人用的是假名字、假身份、假年龄，甚至假性别，网络中的个人形象容易伪装或包装，真假难分。网恋更多的是要凭借个人的想象和感觉来完成对恋人的塑造，与现实的差距一般较大，即很难真正了解对方，因此也很难变成现实。

高职大学生网恋的危害极大。首先，网恋影响正常生活中的人际交往，如与老师、同学之间的交流减少，不愿意参加集体活动，容易使他们对现实人际交往淡漠，也会使他们的性格变得孤僻。其次，网恋要占用大学生的大量时间去上网，一些大学生中午、晚上不休息，加班加点在网上谈恋爱，上课时却无精打采，甚至逃课，严重影响学习。再次，网恋容易上瘾，而一旦上瘾就会沉溺于上网不能自拔，一味沉迷于网络影响大学生的身心健康，严重的会导致人格分裂。又次，网恋的欺骗和失恋对大学生的打击沉重，有的大学生把网上爱情视为生活的唯一追求，一旦失恋，难以承受，严重的则会出现精神崩溃。最后，网恋的费用不低，网恋的费用往往会占去大学生生活费的一大部分，有的大学生由于不能支付网恋的费用，就靠借、偷窃来支付。

（四）多角恋

多角恋是指一个人同时与两个或两个以上的异性建立了恋爱关系的情感现象，一旦深陷其中便难以脱身，使人烦恼痛苦。它会使当事人产生多种形式的心理冲突，并带来许多心理上的问题。

有的高职大学生生活经验不足,个性不成熟,没有一个较为明确的择偶标准,不知如何才能断定与自己关系密切的异性中哪一个与自己最合适,只好颇费心思地多方应付,举棋不定,导致选择多角恋爱。世界上优秀的人很多,重要的是看是否适合自己。要学会放弃,放弃就意味着得到。而不会放弃的人,则可能竹篮打水一场空。还有的高职大学生在开始和异性交往时就动机不纯,为了满足自己的不同欲求,和多个异性交往,以期达到自己的目的,甚至有的以恋爱为名玩弄异性。这些做法是很不妥当的,爱情一定要真挚、专一、纯洁。青年男女一旦确立爱情,绝不允许再有第三者的出现,"三角"或"多角"恋爱不是真正的爱情。

第三节　高职大学生常见恋爱心理问题的解决策略

一、树立健康的恋爱观

恋爱观是指人们对待恋爱问题所持有的基本观点。健康的恋爱观对高职大学生来说是十分重要的,它是高职大学生品尝爱情甘露和事业硕果的关键,对高职大学生的成才也起着巨大的推动作用。一般来说,健康的恋爱观包括以下三方面的内容。

(一)健康的恋爱心理

恋爱心理的产生是以人的生理成熟为基础,以社会环境为外界条件,以自我意识为标志,三位一体综合作用的结果。大学生正值青春期,自我意识不断完善,又有同异性间充分交往的时间和空间,因此必然产生各种恋爱心理。大学生健康的恋爱心理应包括以下几个方面。

1.恋爱动机必须单纯

恋爱是男女之间的私事,但又是一种人类的社会行为。恋爱的目的应该是为了寻求一个能与自己在未来的人生道路上志同道合、同舟共济的终身伴侣,而绝不应该把其作为改变自己社会地位的手段和交易。一旦把恋爱对象的外貌、金钱、职业、地位和权势等杂念作为自己恋爱的主导动机,就会破坏爱情。因此,恋爱动机的单纯性是获得真正爱情的前提。当然,恋爱并不是空中楼阁,其目标是缔结婚姻、成家立业,这需要一定的物质保障。因而,在恋爱过程中适当考虑对方的职业、相貌、家庭、经济状况等外在因素是无可非议的,但绝不能把这些因素作为恋爱的主导动机,追求那种虚伪、浅薄的"爱情",更不能把爱情当作一种手段和交易,这样只能亵渎爱情。

2.追求思想感情的一致

思想感情一致是真正爱情的思想基础。最近有人提出文化的"门当户对",其实就是指双方思想感情的相通相融。男女之爱包含着丰富的内容,其中既有本能的、不可抗拒的性冲动,又有人类崇高的人情和理性;既有自发性,又有自觉性;既有欲望,又有克制。爱情是肉欲、激情及理智的结合,是生理、心理美感和道德的体验,思想感情的统一、理想信念的合拍,才能使恋爱双方水乳交融,甘苦与共,携手走过人生的风雨历程。

3.心理相容

恋人之间的心理相容是恋爱成功的心理背景,而且心理相容可以巩固和发展爱情。一对恋人如果彼此心理相容,就能体验到欢乐、幸福与美好。否则,就会感到痛苦、惆怅与失望。双方心理相容程度越高,爱情就越和谐,婚姻就越美满,其中恋爱双方的观点、信念、情操与感情是否一致是决定心理相容的最重要因素。当然,我们所说的心理相容,并不是要求两个人的兴趣、爱好、性格、气质等个性心理特征绝对一致,而是指双方在共同的思想认识的基础上,通过彼此间的相互理解、相互承认、相互弥补、相互影响来取人之长、补己之短,形成和谐互助、相得益彰的最佳效果。

4. 理智健康

爱情从根本上来说,是性欲和理智相结合的产物,二者缺少其一,就不能形成健康的恋爱心理和行为。同时,恋爱是一个逐步认识对方、发展感情的过程,而不是转瞬即逝的激情或一时的感情冲动。在恋爱之初,要在理智的指导下冷静地观察对方,客观地认识对方。在热恋阶段,更需要用理智去调整、克制感情,使自己的行为与社会规范相符合。有些高职大学生在恋爱过程中,缺乏健康的理智感,过早被甜言蜜语所迷惑,陷入卿卿我我、绵绵柔情中不能自拔,致使出现判断错误,或失去贞操,成为错误爱情的牺牲品。可见,理智是恋爱时不可缺少的“哨兵”。

(二)正确的恋爱态度

爱情是反映人们灵魂美与丑、善与恶的一面镜子。通过人们对待爱情的态度,可以折射出一个人的精神境界和道德情操。因此,高职大学生要以正确的态度对待爱情。

1. 真正的爱情需要真诚

爱情是纯洁的,具有一种美化心灵、净化人格的巨大力量。恋爱双方应以诚相待,互相献上纯洁的心灵和真挚的感情,不能存在任何不良的目的和动机,更不能互相欺骗。恋爱双方应忠诚坦白,互相信赖,把自己的优点、弱点及各方面的情况如实告诉对方,这是恋爱双方全面了解和充分信任的基础,也是互相尊重的表现。那种有意隐匿自己的不足,甚至用欺骗手段获得的爱情不会长久。只有两颗真诚之心的撞击,才能产生绚丽的爱情火花。

2. 高尚的爱情需要专一

爱情是一种高尚的道德情感,贵在专一。爱情专一是指男女双方一旦确立了恋爱关系,就要经得起时间、空间和条件变化的考验,专心和精心地培养感情,并以此来约束自己。不因财穷而爱尽,不因色衰而爱亡,不因位变而心移。不能以恋爱自由为借口,朝秦暮楚,见异思迁,甚至脚踏两只船。因为爱情具有强烈的排他性,爱情所包含的特有感情和所承担的义务只存在于恋爱双方之中,男女青年一旦相爱,就排斥任何第三者对自己的任何亲近行为。爱情的排他性决定了恋爱的专一性。一个在爱情上不忠贞、不专一的人,不仅得不到纯洁的爱情,而且很难成为一个品德高尚的人。所以,高职大学生要用高尚的思想情操去追求至真、至善的爱情生活,培育纯洁、崇高、永恒的爱情。

3. 美满的爱情需要互相尊重和理解

恋人之间的互相尊重、互相理解是恋爱成功的保障,是婚姻幸福的土壤。离开了尊重和理解,爱情之树就会枯萎。

高职大学生在恋爱过程中要学会尊重对方,具体地说,就是尊重对方的工作、学习、家庭;尊重对方的兴趣、爱好、特长;尊重对方的行为方式、生活习惯;尊重对方的人格和尊严。要在互相尊重的基础上培养平等、纯真、高尚、美好的爱情。那种居高临下、夫唱妇随的思想意识和行为方式,直接违背互相尊重的原则,不利于真正爱情的培养、巩固和发展。

"理解是爱情的别名",恋人之间贵在相知。没有理解和信任,互相猜疑、互相设防,美好的爱情就会失去光彩。因此,恋人之间要襟怀坦白、光明磊落,"长相知,不相疑",要用真诚、理解和信任去浇灌、培育爱情,使爱情之树常青。

(三)恰当的恋爱方式

在恋爱过程中,选择什么方式表达爱情,不仅反映了一个人的道德情操、思想修养,而且对恋爱的成败也起着至关重要的作用。

1.提倡文明理智的恋爱方式

恋爱是一种强烈的情感,热恋中的男女常常表现出强烈的亲近恋人的欲望。有些大学生不顾时间、地点、场合的限制,表现出过分亲昵的举动,甚至发生婚前性行为,不仅违背了恋爱的道德,也给纯洁的爱情蒙上了阴影,甚至使恋情由此出现裂痕,使爱情枯萎,给对方身心造成挫折和痛苦。因此,在恋爱过程中,提倡文明理智的恋爱方式十分重要。大学生要注意行为端正,举止文明,用理智控制行为,用道德约束举止,用文明的方式表达对恋人的爱慕之情,切不可不分场合地放纵自己的行为。

2.准确地把握住感情的分寸

在恋爱过程中,由初恋到产生真正的爱情,需要一个培养和发展感情的过程。一般而言,成功的爱情的形成要经过一个由低到高的发展,即由同志感情到友谊,最后再发展到爱情。任何超越恋爱的感情发展阶段“飞跃”而成的爱情,都会缺乏真正的了解和认识,缺乏必要的感情基础。因此,在恋爱过程中,恋爱双方要准确把握住感情的分寸,既不要在“不到火候”的情况下做出过分亲昵的举动,吓跑对方,也不要在时机成熟时关起感情的闸门,使对方产生误解,以至错失良机,影响爱情的进一步发展。

总之,健康的恋爱观是高职大学生生活幸福的保障,是恋爱成功的翅膀,它会使爱情之树常青,爱情之花灿烂。

二、培养健康的恋爱能力

(一)识别爱的能力

高职大学生的心常常大雾弥漫,看不清自己感情的港湾,分不清什么是真正的爱情,从而导致一些“虚假恋爱”。因此,对于渴望爱情的高职大学生来说,学会识别爱的真伪是培养健康恋爱能力的必要准备。

首先,好感不是爱情。好感是一种直觉性的感情,如果把爱的历程描绘为“好感—爱慕—相爱”三部曲的话,好感只是爱情的前奏,但它不一定会发展成爱情。好感以直觉和印象为支点,而爱情以心灵的融合为基础。

其次,感情冲动不是爱情。感情的冲动常常是暂时的、脆弱的,一时的感情冲动可以产生于任何一对男女之间,它是两性相互吸引的结果,往往使人的头脑发昏,忘乎所以,甚至做出不久便会后悔的愚蠢举动。爱情则是一种炽热而深沉、强烈而持久的感情,它使恋爱双方变得更加完美可爱。

最后,异性的友谊和单相思都不是爱情。

(二)表达爱的能力

谈恋爱,顾名思义,在“恋”和“爱”之前还有一个“谈”的阶段。“爱你在心口难开”正是对“谈”的阶段的形象表述。当有了喜欢的对象,如何向对方表白才能增加成功的概率,或者采用什么方式可以避免被拒绝后的尴尬,这都需要艺术和能力。高职大学生对于喜欢的对象,有轰轰烈烈地在宿舍楼下摆蜡烛表白的,也有校园广播、同学聚会时突然表白的;有含蓄地一起看电影、压马路、游乐玩耍等,还有更加私密的微信、情书或者当面表达等,形式各异。在对喜欢的异性表达情意的时候,要注意以下几点。

首先,把握好表达爱的时机和地点。尽量选择在人少的地点表达,心理学研究表明,晚上表达爱的成功概率比白天高许多。

其次,表达方式要灵活。有的人含蓄,有的人开放,在表达方式上要因人而异,可以选择直接表达或者通过微信、QQ、邮件等方式来表达。

最后,表达态度要坚决。在表达爱的时候,态度的坚决会为你赢得更大的成功概率。

(三)接受爱的能力

当爱情来临时,如何把握和捕捉?面对追求者的表白,该不该接受,如何接受?接受爱也是一种能力。

首先,在接受一段感情时,要考虑清楚自己是否真的同样喜欢对方,是否有足够心理准备开始一段恋情,而不是觉得有人喜欢就得意扬扬,代表自己有魅力,草率接受。

其次,当两人两情相悦时,在保持基本的礼貌和矜持时,可以愉悦地接受对方的追求,不要心里已接受,可是行动上躲躲闪闪,或为了考验对方而故意多次拒绝,致使给对方一个错误的信息,错过美好的恋爱。

(四)拒绝爱的能力

被别人爱是一种幸福,但是如果对方不是你心仪的对象或者不适合自己,就需要拒绝对方。在拒绝对方时,首先要报以感激之心来拒绝,不要故意伤害对方的自尊心和感情,更不要为了显示自己有魅力而当着众人的面拒绝对方。另外,拒绝对方时,表达尽量委婉些,先肯定对方的优点,真诚地给对方讲明自己不能接受这份感情的缘由。如果无法当面拒绝,可选择用微信或者私信的方式,以更好地表达自己的意思,这种书面拒绝的方式也可以将伤害降到最低。

(五)解决恋爱中冲突的能力

相爱的人之间发生冲突是很自然的事,冲突一方面可能来自日常生活中的不一致或不协调,另一方面可能来自性格的差异。恋爱不是寻求两人的完全一致,而是看如何协调、合作。爱需要包容、理解、体谅,要学会用建设性的方式去解决。沟通是非常有效的方式,恋人间需要有效地进行沟通,表达清楚自己的思想、感受。伤害性的争吵或者冷战都不利于问题的解决。

(六)承受恋爱受挫的能力

恋爱受挫是大学生遭遇的比较大的挫折,如果处理不当会产生失恋应激障碍,严重的还会影响当事人以后的两性关系。面对失恋,不要过分压抑失恋带来的痛苦,应寻找适当的方式进行宣泄,可以大哭一场,多参加体育运动,或在空旷的地方大声呼喊来释放激动情绪带来的能量;也可以找朋友倾诉。如果还是感觉心中抑郁,还可以找心理咨询机构进行咨询。总之,要及时转移注意力,恋爱受挫后不要让自己长期沉溺于悲伤的情绪中,要把注意力从失恋这件事转移到自己比较感兴趣的事情上去,或者出去走走、散散心,冲淡内心的挫折感和压抑感。

(七)保持长久爱的能力

在恋爱的过程中,维持爱的新鲜感和爱的永恒是每一个恋爱中的人所期待的。每一个人都有对爱情的想象和憧憬,心中追求的爱情是浪漫而完美的,然而现实中,恋人有那么多的缺点,爱情也有那么多不尽如人意的地方。因此,在了解恋人的基础上,应相互尊重、相互信任,不要妄图去改变对方适应自己,不要苛求完美的爱情。

保持爱情长久的能力,其实需要上面的多种能力的综合。爱需要两个人真正地关心对方,走进对方的内心世界,以对方的快乐为自己的快乐。要保持爱情的常新,需要智慧、耐力、持之以恒及付出心血,同时又要有自己的个性,有自己的追求与发展。学习新的东西,善于交流,欣赏对方,是爱的重要源泉。

三、学会调适具体的恋爱心理问题

(一)单恋的调适

单恋自我调适的关键是要能避免“恋爱错觉”,学会观察和分析对方表情,用心明辨;要重视信息的反复性,某种信息的经常出现可能意义很深,而一两次就不足为凭了;不要强化内心中形成的一见钟情式的浪漫爱情。一旦发生单恋,要鼓足勇气,克服羞怯的心理,大胆地表达自己的感情,如果被接纳,爱的快乐就取代了等待的痛苦;如果是“落花有意,流水无情”,则应该面对现实,勇敢地抛弃幻想,用理智主宰感情进行转移,通过思想感情的转换和升华来获取心理平衡。此外,当向对方表达遭到拒绝时,要理智地克制自己的情感,明白爱情是两情相悦而非一厢情愿,这种理智、客观、冷静的考虑也是自身未来幸福快乐的源泉。

(二)失恋的调适

失恋的调适很重要,建议采取积极的反应去应对,同时要明确:人的一生爱情不是唯一的;一次失恋并不代表情感生活全部失败,更不是将来人生将永远阴暗;悲伤拯救不了爱情,愤怒不能带来幸福,抱怨难以改变事实;失恋不能失德,失恋不能失命,失恋不能失志,失恋不能丧失人格;失恋了阳光依然灿烂,生活会依然美好,走过去前面就是灿烂晴空。同时,当大学生失恋时,同学、老师、家人、朋友应该对他们多些体谅、关爱和温暖,并帮助其树立正确的恋爱观和人生观。

(三)网恋的调适

高职大学生需要对网恋有一个正确的认识。首先,要认识到网络是把双刃剑,尤其要看清其危害性,不要轻易网恋;其次,积极拓展和提升现实生活中的人际交往,防止因为现实人际交往的不顺畅而转向网络交往;再次,一旦发现自己有倾心和爱慕的网友,表示了自己的情感后,应马上回到现实生活交往,防止幻想和欺骗;最后,学会保护自己,当止则止,及时刹车,有效控制上网时间,把时间和精力投入学习和能力提升方面。

(四)多角恋的调适

1.分清楚爱情的选择性与排他性之间的界限

高职大学生在恋爱中确实有选择的自由与权利,但如果与多个对象建立了恋爱关系,再进行选择,便违背了专一性和排他性的爱情准则。在多角恋的情况下,高职大学生应该明确在未确定爱情对象的时候,选择是自己的权利,但爱情对象确定后,必须遵守专一性和排他性的准则。

2.勇于做出退避决策

感情一旦陷入多人相互纠葛的状态,会消耗人的体力和精力。同时,多角恋不会给自己带来幸福和快乐,还往往会对感情造成更大的伤害。多角恋者还遭受道德伦理层面的批评,承受着巨大的社会心理压力。此时,一个看似消极实则积极的策略就是退避,而且是理智勇敢地回避这种关系。退一步海阔天空,退让不是软弱,更不是失败,而是一种理智的选择。

第八章　成就未来：高职大学生的就业心理问题探析

就业是高职大学生未来职业生涯的开端，是高职大学生人生道路上把握前程的重要一步。高职大学生在求职择业时一定要越过就业心理误区和障碍，克服就业心理问题，成功就业，尽早实施人生事业发展规划，成就美好的未来。

第一节　就业的内涵

就业是民生之本，安国之策。要实现社会就业，不仅需要广开就业门路，扩大就业数量，更重要的是要努力提高就业质量，切实做好市场就业、素质就业、稳定就业，促进和谐就业，实现扩大就业与经济社会发展的良性互动。而要做好这些方面，首先要了解就业的内涵，本节即对其进行分析。

一、就业的含义

对就业含义的界定，按照不同标准可以有以下三种。

第一，以人力是否与生产资料结合为标准。实现结合则为就业，没实现结合则为未就业。这一界定更多的是从社会角度来看待就业，强调劳动者的劳动能力实现与生产资料的结合，并贡献给了社会，无论是有无报酬，都视为就业。

第二，以工作和报酬的稳定性为标准。稳定则为就业，不稳定则为未就业。这一界定虽然强调就业形式的正规性和报酬的稳定性,但实质上仍然是强调就业的报酬性,把获取报酬作为划分就业的标准。

第三,以工作有无报酬为标准。有报酬则为就业,无报酬则为未就业。目前,我国就是采用的这种标准。这一界定更多的是从劳动者个人和市场角度来看待就业,强调就业的报酬性。

参考以上标准,可将就业分为广义的就业和狭义的就业。

广义的就业是指具有劳动能力的公民在法定的劳动年龄内,依法从事某种有报酬或有劳动收入的社会职业。例如,资本所有者利用资本获得利息收入、土地所有者利用自然资源获得地租收入、劳动者利用劳动力获得劳动收入、职业经理人利用管理才能获得职业收入等经济活动都属于就业活动。在市场经济条件下,就业就是有劳动能力的适龄劳动人口在一定时期内正在从事有报酬的工作以及有职业但是由于生病、休假、罢工等原因而暂时没有工作的状态。其中,有劳动能力的适龄劳动人口是指年满 16 岁或者 16 岁以上的所有不受管制的人。而不受管制是指适龄劳动者没有被监禁或者被送进精神病机构以及没有受到其他方式的管制。按照我国就业政策的规定,只要劳动者是通过一定途径实现同生产资料相结合,从事一种合法的社会劳动,取得一定的报酬或劳动收入,就是就业。

狭义就业是指利用劳动要素而取得报酬的活动,可以称为劳动就业。它只是广义就业中“劳动者利用劳动力获得劳动收入”的一部分。劳动就业统计的对象为劳动人口,劳动人口以人口自然数量为度量单位,它反映的是劳动年龄范围的人口的规模,包括可供利用的劳动人口规模以及实际被使用的劳动人口的规模。

于高职毕业生而言,就业就是指高职毕业生实行“双向选择”的就业,即以毕业生和用人单位为双主体的市场就业方式。学校向高职毕业生出具推荐表(函、信),高职毕业生通过人才市场或各种形式的供需见面活动等途径与用人单位直接见面洽谈,进行双向沟通,双方达成统一,签订“双选合同”或“就业协议书”,经学校和地方毕业生就业主管部门签证同意后,走上工作岗位,即可形成就业。高职毕业生的就业岗位可以概括为以下六种类型。

第一,企业型,即那些在企业第一线从事某项技术的职业,如企业技术岗位的骨干、车间主任助理、项目经理助理和营销主管等。

第二,社会型,即主要从事服务社会的工作职业,即教育人、医治人、帮助人的工作,如教师、医生、政工干部、社团工作者等。

第三,设计型,即主要从事规划设计等职业,范围包括城市、矿山、资源、人口、城市绿化、供水、供电、道路、居民小区等规划设计。

第四,科研型,即从事科研和科学实验等职业,范围包括各种科学调查与实验、开发新产品及一切疑难问题的探讨等。

第五,管理型,即主要从事工程组织管理工作、人员管理工作等职业,从人才市场需求来看,有相当多的高职毕业生将从事这类职业。

第六,艺术型,即艺术创造等职业,是用语言、音响、动作、色彩等创造艺术作品的工作。

总之,在劳动仍然是个人谋生手段的当今社会条件下,就业必须具备两个实质要件:一是劳动者的劳动能力与生产资料实现结合而进入了社会生产劳动;二是劳动者的劳动获得了相应的报酬即工资,并以此维持生计和个人发展。无论是在国家机关、事业单位、国有企业、集体企业、三资企业、私营企业、个体企业谋求职业,还是自主创业,都应视为就业。

二、就业的类型

按照不同的标准,可将就业分为不同的类型,具体如下。

第一,按就业的范围不同,可以将就业分为国内就业和国际就业,国内就业又分为城镇就业和农村就业。

第二,按劳动者就业身份的不同,可以将就业分为领取周薪和月薪的劳动者、自雇劳动者和没有报酬的家庭劳动者。

第三，按就业的表现形式不同，可以将就业分为显性就业（公开就业）和隐性就业（非公开就业）。

第四，按产业类型，可以将就业分为第一产业就业、第二产业就业和第三产业就业。目前，在全世界，撒哈拉附近非洲国家的第一产业就业比例相当高，而工业化发达国家的这一比例非常低；在亚洲、中东和撒哈拉附近非洲，第二产业就业比例近些年有所上升甚至上升速度比较快。中国既是发展中国家，又是经济转轨国家，改革开放40年以来，三大产业的就业结构逐步由“一二三”的结构向“一三二”的结构转变，将来会转变为“三二一”的结构。

三、就业的指标

就业的指标主要有就业率和人口就业率。

（一）就业率

就业率是指就业人口占指定劳动力总数的比重，它是衡量全社会就业状况的一个重要指标。其计算公式为：

就业率（％）＝就业人口数/（劳动力总数－受限制劳动力－军人）×100％

其中，受限制劳动力是指由于制度性因素如监禁、精神病院等而受限制的劳动力。

（二）人口就业率

人口就业率是指就业人数占劳动年龄人口的比重，它也是一个重要的就业指标。其计算公式为：

人口就业率（％）＝就业人口数/劳动年龄人口数×100％

人口就业率一般分为五个档次：低于40％；介于40％～49.9％之间；50％～54.9％之间；55％～59.9％之间；60％以上。

中国的人口就业率在世界上一直是最高的。

由于就业率和人口就业率所统计的就业人口范围有差异,特别是劳动年龄人口数与劳动力总数有差异,并且不同的国家对劳动年龄的确定有比较大的差异,这使以同样的就业人口数所计算出来的就业比率是不同的;随着劳动人口年龄结构的变化,在同一时间里同样的就业人口数也可能计算出不同的就业比率,从而出现就业指标不同的情况。

四、就业的影响因素

就业是一个综合性的问题,会受到政府的相关政策、经济发展形势、教育体制、社会沟通体制和求职者个人素质等多方面因素的影响。作为求职者,高职大学生必须了解这些影响因素,认清就业形势,积极寻求就业机会。

(一)政府的相关政策

首先,政府的具体择业与就业政策会对大学生择业倾向和就业观念产生影响。政府的社会政策如经济发展速度和产业结构的调整、高等教育体制结构的优化、具体就业政策的颁布和实施能够影响毕业生的整体流向。

其次,政府的各种经济政策会对市场发展和走向产生重要影响。行业发展的走向和兴衰变化影响到其招工需求,大学生择业与就业时多倾向于选择人才需求量大的行业和部门。

(二)经济发展形势

一般情况下,经济发展状况较好会引起就业岗位的需求量增加,求职者选择的机会较多。相反,经济发展状况较差,就业岗位的需求量相应减少,求职者选择的机会就会减少。我国区域经济发展不平衡,东部沿海城市及少数大城市经济发达,而中西部地区经济发展缓慢。经济发达地区往往能够提供具有竞争力的薪酬和岗位,这导致求职者倾向于到发达地区就业。

(三)教育体制

高等教育体制对就业的影响突出表现在高等教育结构与市场对人才素质的需求结构不一致,导致大学生所学知识并不能满足市场需求。这种结构的不协调主要体现在高等教育的专业设置与市场需求脱节、课程和教材结构与市场需求不匹配这两个方面。

(四)院校培养

大学生的择业倾向和就业观念在一定程度上受到其学习成绩、实际能力、学校知名度和专业选择的影响,即各院校的学生培养质量、人才培养结构和就业指导工作等都会对大学生的择业与就业产生重要影响。

(五)社会沟通体制

首先,市场配置环节与人才供需渠道的影响。社会上的人才市场没有很好地起到桥梁和纽带的作用,没有把两端的企业与高校很好地连接起来,这使得就业信息不畅,没有形成一个能及时反馈供需信息的现代化信息网络。

其次,用人单位盲目提高用人层次的影响。许多企业为提升整体的文化素质,提升企业用人的文化层次,会做出招聘大量高学历人才的决策。那些确实符合企业特点、能给企业创造实际价值的实用型人才却因为学历不符合要求而无法上岗。往往有些高学历的求职者进入企业后所从事的工作是普通高中生就能胜任的,这使高学历的求职者成了企业的“花架子”,抬高了企业的用人成本,造成了人和财的浪费。

(六)家庭影响

家庭因素对大学生择业倾向和就业观念的影响主要在其情

感的偏向和生活的舒适度上。

首先,家庭背景因素的影响,如大学生成长于双亲家庭、单亲家庭抑或是孤儿,大学生是独生子女或是有兄弟姐妹,兄弟姐妹的数量多少等也可能对其择业与就业倾向产生影响。

其次,父母对大学生择业与就业的意见参考,如父母对其工作的地点和选择的行业等方面的期望会对大学生的择业与就业性倾向产生影响。

最后,父母等亲人的职业对大学生的择业倾向和就业观念产生着潜移默化的影响,大学生在择业与就业时根据其成长环境或父母等亲人的言传身教,可能会出现完全倾向于选择与父母相同的职业或完全不倾向于选择和父母相同的职业两种比较极端的情况。

(七)求职者的个人素质

第一,求职者的就业观念。有些求职者在就业时,宁可不考虑工资待遇、职业发展方向、自我价值的实现等方面的保障,也要留在大城市工作。还有一部分求职者没有吃苦的准备,求职时过分注重经济待遇、稳定性、安逸程度,而往往忽略了年轻人的闯劲。

第二,求职者的能力。能力是在先天素质的基础上,在生活条件和教育的影响、熏陶下,在个体的生活实践中形成和发展起来的。能力与就业的关系十分密切,是择业的重要依据,是求职者开启职业大门的钥匙。能力包括一般能力和特殊能力,不同的职业要求人有不同的能力。能力还存在着性别差异,男性在哲学界、经济学界、自然科学界所占比例较大,而女性在需要形象思维和细致情感的文学、新闻、医学、教育、艺术等领域所占比例较大。大学生对自己的能力要有一个客观的自我评价,在择业时应根据自己的能力,扬长避短,选准与自己职业能力倾向相同的职业,在强手如林的竞争中才能立于不败之地。

五、大学生的就业现状

(一)就业形势严峻

根据教育部发布的最新信息,2018 年高校毕业生人数达到 820 万,超过 2017 年的 795 万,高校毕业人数创历史最高。高校毕业生人数越来越多的同时,市场所能提供的就业机会虽有所增加,但依然难以满足毕业生的需求,高校毕业生就业竞争压力增大。

与此同时,每年还有上百万的中专毕业生需要就业。此外,我国每年有 500 万以上的下岗工人需要安置,每年大约有 2 000 万人口满 18 岁,这意味着有同等数量的人口加入劳动力大军,并且每年还有大量的转业军人需要安置,这些人几乎同时与大学生竞争大约 900 万个新增岗位。

可见,全国大学生就业形势仅在求职者数量上就体现了竞争的残酷性。

(二)就业时对社会关系过度依赖

由于就业竞争压力过大,有些大学生在择业与就业时缺乏对自身能力的信任和职业的信仰,形成一种择业路径选择上对家庭及社会关系过度依赖的局面。他们对自己缺乏清醒的认识,择业的主动性弱、自信心不足,缺乏个人独立的决断能力;犹豫观望,优柔寡断,不能把握好择业的方向盘;依赖父母、亲友,依赖社会关系,依赖学校的老师,责任心不强,无进取精神。

还有些大学生认为,与其自己在就业时吃苦受挫,靠自身能力赢得岗位,不如靠权力和金钱关系来保证自己的“前途”。这是因为,社会财富的急剧增加带来的不仅是人们生活的逐渐富裕,而且给人们的思想方面带来了很大的冲击。部分家长在进行家庭教育时,也会对孩子灌输金钱、权力、社会关系对其前途的影响,使其在择业倾向和就业观念方面出现错误的偏差。现实的虚浮和不恰当的家庭教育使得部分大学生的择业倾向和就业观念产生扭曲,认为在权力关系、亲属关系、社会关系和金钱关系的干扰下,个人的努力和价值不能够得到体现。

(三)就业期望值过高

目前,大学生就业倾向单一,均期望“高工资、高岗位、高荣誉”的工作职位,就业期望值过高。追求实惠经济利益是大学生选择职业时绝不会忽视的一个目标。在不影响自己就业的前提下,绝大多数大学生将注重经济利益摆在了首位。此外,追求社会地位高的工作几乎是大学生普遍存在的就业意识。在这里,所谓高的社会地位是指社会对这种职业的认同程度比较高。而市场上的用人单位提供的岗位多为基层岗位,如安保、清洁、服务等岗位,多数大学生对这样的岗位缺乏兴趣,而中层管理和技术岗位基本都存在人数过剩的情况,这就造成很多大学生毕业后难以找到自己满意的工作。

(四)多倾向于国有企业及公职岗位

近两年,在我国经济持续增长的情况下,国有大中型企业和公务员队伍始终是大学生就业的热点和集中点。这是因为,许多外企受金融危机影响大幅裁员和减薪,工作压力大且不稳定的问题暴露出来。与之相比,国企随着管理水平的不断提高,再加上国家的大力支持,基本能够在金融危机的情况下依然维持一个比较稳定的发展状态,这使得许多“求稳”的大学生纷纷选择国企的岗位。除了国企,被称为“铁饭碗”的公务员岗位更是稳定的代名词。这造成了现在出现的“国考热”和“国企热”现象,但事实上,我国每年公务员的招考非常严格,岗位数量相对报考的人数而言非常少,公务员岗位竞争十分激烈。而国企所能提供的岗位也十分有限,且随着国内企业对人才考核机制的逐步完善,绩效考核机制的发展和应用也会越来越多地淘汰那些竞争力弱且能力较差的员工,大学生所求的“稳”会越来越有限。

六、大学生择业的模式

一般来说,大学生职业选择主要有以下两种基本模式。

(一)自主选择模式

自主选择模式是大学生在日益广阔的职业选择中,在综合考虑各种与职业选择有关的因素的基础上,做出自主的选择。其主要表现如下。

第一,职业选择的动机强烈,价值观确定,职业定向明确。

第二,在职业选择中,始终保持自己的独立性,不为其他意见所左右。

第三,选择者在职业的选择过程中,具有较强的自我意识,能客观地认清自我与社会职业的关系,能准确地根据自己的兴趣、能力、身体条件,对自己将来所从事的工作有比较准确的判断。

(二)从众选择模式

从众选择模式是指个体在职业选择过程中,不知不觉地感受到外界(如社会舆论、时尚等)的压力,在知觉判断和行为上表现为与群体及社会时尚的一致性。近年来,具有这种择业心态的大学生占一定的比例,其心态具体表现如下。

第一,独立性较差,易受外界的暗示、干扰,容易不加分析地接受别人的意见,人云亦云,择业过程“随大流”。

第二,对自己选择的职业缺乏自信心,面对众多可供选择的机会,徘徊不定,他人不签约,自己也不签约,以他人签约作为自己签约的先导。

第三,缺乏自我意识。不清楚自身条件适合从事什么样的工作,不管自己胜任与否、适合不适合某种工作,别人选择,我也选择。

七、大学生就业的心理准备

(一)明确职业目标

清晰的目标和方向,对人生的成功有重要意义。只有给自己的人生设定了目标,内心深处那个勇敢、坚定、执着、不畏艰险的“我”才会走出来,才能最大限度地激发自己的潜能,更好地迎接人生路上的各种挑战。

明确职业目标包括选定职业的理想目标、基本目标和参考目标,明确择业或者创业的主攻方向和努力方向。

一个人的职业目标要与本人具备的实力相当或接近,要根据自己的志向、兴趣、气质、性格和能力来选择适合自己的职业,既不故步自封,也不好高骛远。

(二)自我评估

自我评估的目的,是认识自己、了解自己。只有认识了自己,才能对自己的职业做出正确的选择。自我评估涉及自己的兴趣、特长、性格、学识、技能、智商、情商、思维方式、思维方法、道德水准以及社会中的自我等方面。

需要注意的是,每个人都有不可避免的弱点,也有别人没有的独特长处,要对自己进行全面、正确的分析,弄清自己的长处和不足之处、适合到什么单位和什么岗位工作、适不适合创业。

(三)充满自信

所谓自信,就是无论成功与否,无论身在顺境还是逆境都能坦诚地对待自己,相信自己,做到自尊、自爱、自信、自强,保持乐观进取、积极健康的心态。自信是求职成功的心理基础,也是对自己的实力有充分的估计和坚定的信心。求职者应该对自己有充分的认识,面对社会的选择,把主观愿望和客观条件结合起来,充满自信地向社会推销自我。

(四)正视现实

社会作为大学生择业的客观基础,为大学生就业提供了现实的可能性,因此大学生要正确认识社会,了解我国的大学生就业和创业政策、人才政策、人才需求状况和社会需要,寻找自我与社会的最佳结合点,努力使自己的愿望与社会需要相互协调,达到和谐统一。

(五)强化竞争意识

求职择业是社会选择,要面对的是优胜劣汰,因此大学生要不断强化竞争意识,迎接新的挑战。择业本身就是一个选择与被选择的过程,随时都有可能被招聘单位拒绝,但只要勇于竞争,善于竞争,有耐心和韧性,就一定会实现自己的理想。

第二节　高职大学生常见的就业心理问题

大学生群体是个体由青年期到成年期成长过程中的一个特殊群体,集多种特殊性于一身,而且心理健康状况比个体一生中其他阶段的人群及处于这一时期的其他群体明显要低。特别是面对职业生涯选择的冲突时,大学生常常产生各种心理矛盾和冲突,导致心理失衡,不但影响了择业,而且影响了心理健康。本节即对高职大学生择业的心态及其常见的就业心理问题进行详细分析。

一、高职大学生择业的心态分析

大学生择业可能表现出各种复杂的心态,如奉献心理、功利心理、安全心理、从众心理、竞争心理、求闲心理、求名心理、求点心理等。上述这些心理有些是可取的，有些则是不可取的。

（一）奉献心理

奉献心理是将国家利益、社会利益摆在首位，树立了正确的人生观、价值观、择业观。这是我们社会大力提倡的一种主流职业择业心态。

（二）功利心理

拥有功利心理的求职者虽然也有为国家、为社会、为人民做出贡献的强烈愿望，但他们更渴望获取高收入、高地位，在求职择业的过程中，他们选择的天平往往倾向于获取个人实际利益。

（三）安全心理

所谓安全心理，是指大学生在选择职业时从职业的稳定性出发来选择就业单位。这种心态在许多干部、知识分子及工人家庭出身的大学生身上表现得尤其突出，他们往往选择高校、科研单位，安全稳定成了他们的首选。

（四）从众心理

驱使个体采取从众行为的心理就是从众心理。当前，大学生在就业时，常常会表现出从众心理，会在群体压力下做出与众人趋于一致的求职选择。

（五）竞争心理

竞争心理在大学生择业过程中表现得十分突出。竞争能使竞争者自身能量和潜能得到最大限度的释放和发挥，是大学生自我价值实现的一种满足。但是，在严峻的竞争面前，出现了不平等竞争，即有的大学生为在竞争中求胜，不惜出“险招”“偏招”，甚至弄虚作假涂改成绩。

(六)求闲心理

求闲心理是指在择业中追求舒适、清闲的心态。在这种心态驱使下的大学生不愿下基层去工作而情愿待在办公室里打杂,荒废学业,虚耗青春。

(七)求名心理

求名心理是指消费者追求商品的名牌来显示自己的社会地位、经济实力,甚至不惜购买假冒商品,以满足自己的虚荣心。在求职择业者中也有这种求名心理,不了解职业的内在要求或不知道自己能否胜任所应聘的工作,单纯追求“名望高、名誉好”的单位。

(八)求点心理

求点心理是指在选择职业时追求工作地点、工作环境好的一种心态。这种以职业岗位的地理因素来选择就业的求点心理使得部分大学生失去了就业的机会,尤其是失去了发挥个人专业特长和个人兴趣爱好的机会。

二、高职大学生择业常见的错误观念

(一)过于功利化、等级化

一些大学生过分强调职业的功利价值,甚至将职业划分为不同等级,而不考虑国家与社会的需要,不愿意到条件比较艰苦的地区和行业去工作。

(二)只顾眼前利益

一些大学生在择业与创业过程中只在乎工作条件、收入等眼前的利益,对自我的职业兴趣、能力、职业的发展前景等因素则不做考虑,因而极易选择并不适合自己的职业。

(三)职业意义认识不当

一些大学生从观念上来说,仅仅把工作当作一种谋生的手段,没有充分认识到职业对个人发展、社会进步的重要意义。

(四)过分强调专业对口

一些学生在求职时,只要是与自己专业关系不密切的职业就不考虑,这样做只能是人为地增加了自己的就业和创业难度。

(五)求安稳

一些大学生仍然喜欢稳定、清闲、福利保障好的单位,认为这样就能选定理想的职业。他们不愿意选择有风险、有挑战性的职业,更不敢去创业。

三、高职大学生就业中常见的心理矛盾

(一)理想与现实之间的矛盾

人的一生总是在不断地追求美好的未来,大学生在就业中的这种追求和憧憬更为强烈、更为丰富、更为远大。十年寒窗一朝毕业,经过充实而丰富的大学生活,知识的羽翼已渐丰满,面对汹涌的市场经济大潮,带有理想主义色彩的大学生都希望有一个理想的职业环境,顺利实现自己的愿望。很多大学生都希望到生活条件好、福利待遇高的大城市、大机关、大公司工作,过分地考虑择业的地域、职位的高低和单位的经济效益。高期望驱使大学生总是向往高薪水、高职位、高起点,渴求高收入、高物质回报,并一厢情愿地对用人单位提出种种要求,将自己就业的目标定得很高,即使找不到合适的单位也不肯降低就业期望值。

但是,他们真正接触社会较少,涉世不深,还不善于客观地认

识和面对现实,心中的理想往往脱离客观条件,与现实状况有较大落差。例如,许多大学生都想成为企业家或大经理、大老板,但在择业中他们并未考虑自己的知识、能力、性格、爱好、气质等是否适合从商;或者未真正考虑所选择单位是否有利于自己的发展,出现了理想的自我膨胀和现实的自我萎缩之间的矛盾。与此同时,我国目前生产力发展水平还比较低,各地的经济发展也不平衡,地区之间、城乡之间在生活方式、工作环境、劳动报酬等方面都存在较大的差异。再加上近年来,我国高等教育大众化,全社会就业竞争加剧,大学生个人的愿望不可能都得到满足,因此大学生在择业和创业过程中容易面临失败,体会到现实的残酷。

(二)自我意识强与自我认识不足之间的矛盾

当代大学生自我表现意识日趋增强,自我存在意识也很强烈,表现出较强的个性,有主见、有特色,力求不落俗套。在择业时,他们已经意识到自己作为一个人才将被社会使用,将为社会贡献自己的聪明才智;同时,他们也要求社会能够承认"自我意识中的我",并以此为标准进行择业。

但是,大学生由于人生观、价值观尚未最终定型,再加上涉世尚浅、社会经验不足,自我认识与评价能力较差,不能正确、客观、科学地评价自己。多数大学生对自己的评价偏高,时常产生自我欣赏、自我陶醉的心理,洋洋自得、盲目自信,甚至骄傲自满,容不下别人,这会在择业中给自己带来诸多不利,缺乏承受挫折的心理准备。少数大学生自我评价过低,产生自卑心理,认为人家都比自己强,自己是一个"废物",经常由于自暴自弃而失去良好的择业机会,到头来留下遗憾。

也有的大学生常常处于上述两种情况的波动之中,择业时往往目标与行为不稳定,缺乏理智、冷静的心理准备。由于自我认识能力发展不足,继而在调动自我功能、实现自我驾驭方面显得不足。

(三)实现人生价值与强调自我之间的矛盾

在就业中,很多大学生都不愿碌碌无为,希望自己能够为国家做贡献,能够在祖国需要的地方建功立业,实现人生价值。但是,这其中的一部分大学生却缺乏吃苦的心理准备,不愿意到艰苦的偏远地区、或者深入基层,他们更希望自己能够走捷径,想直接进入层次高、工作条件好的单位,想一举成名,想走平坦笔直的成才之路,他们虽然也关注国家民族的前途,但过分强调自我。

(四)渴望竞争与畏惧竞争之间的矛盾

就业制度的改革,为大学生择业提供了公开、平等的竞争环境,大多数大学生对此渴望已久。他们已经认识到,在商品意识广泛渗透到社会生活的各个方面的情况下,一个人如果没有强烈的竞争意识,就不可能成就事业。竞争能推动社会发展,推动人类进步,并且在现代社会越来越体现出其优越性。所以,大学生乐于接受竞争机制。但是,大学生在参与竞争时,往往又缺乏自信与勇气,恐惧竞争,害怕失败,顾虑重重。有的怕竞争失败丢了面子,有的怕竞争伤了和气,有的认为不正之风干扰太大,竞争肯定会败北。尤其是在择业中遇到困难时,他们不善于调整目标、调整自己,而是压力重重,缺乏竞争的勇气。

(五)独立性与依赖性之间的矛盾

大学生在进入社会之前是非常渴望独立的,因为他们一直生活在家长与老师的监督之中,不管是学习还是生活都被“监督”着,随着自主意识的不断增强,他们渴望拥有一份独立的心理空间。但是,进入社会之后,大学生虽然走出了家长与老师的“监督圈”,可面对自主与开放的社会大舞台,他们受到各种主客观因素的制约,往往有要求独立的想法,但缺乏独立的行为能力,这是由于他们社会实践经验不足,并且长期以来对家长与老师过分依赖导致的。

四、高职大学生较为常见的就业心理问题

在大学生就业过程中,会出现较严重的心理问题,主要表现在以下几方面。

(一)缺乏自信

在择业中,有些大学生缺乏自信心,缺乏勇气,不敢竞争,尤其在遇到挫折时,很容易产生强烈的胆小、畏缩之感,觉得自己事事不如人。此外,有些大学生容易过低估计自己的知识和能力水平,在求职过程中缺乏自信、过于拘谨、缩手缩脚,不能向用人单位充分展示自我,在创业过程中优柔寡断,从而坐失良机;有的大学生因为学历、成绩、能力、性格方面的某些缺陷和不足而丧失了勇气,不敢参与就业或创业的竞争。

大学生在就业中缺乏自信的原因主要有三个:第一,一些冷门专业的大学生看到就业市场需求自己专业的单位少、待遇差或在求职中遭冷遇,就容易悲观失望;第二,一些在校成绩与表现一般的大学生看到别人的自荐书上奖励、证书、成果一大堆,自己什么也没有,也容易自我贬低;第三,一些性格比较内向、不善言辞的大学生看到其他应聘者口若悬河,自己什么也说不出来也会自惭形秽。

(二)盲目自信

一些大学生认为自己各方面条件不错,应该有个好的归宿,于是在择业过程中好高骛远,自命不凡,眼高手低,给用人单位留下浮躁、不踏实的印象,从而不受用人单位的欢迎。也有一些大学生在择业的时候期望值很高,择业脱离实际,怕吃苦、讲实惠,不愿到基层和艰苦地区等需要人才的地方工作,或者希望创业能够一朝成功,因而很难找到满意的工作。

大学生一旦产生自傲心理,很容易脱离实际,以幻想代替现

实,使自己的择业目标和现实产生很大反差,如果未能如愿,他们的情绪就会一落千丈,从而产生孤独、失落、抑郁的心理现象。

(三)灰心丧气

自主择业打破了国家统包统分毕业生的传统体制,毕业生要在国家就业政策指导下,通过人才市场自主择业。激烈的就业竞争使一些就业受挫的毕业生灰心丧气,特别是看到其他同学先于自己找到满意的工作,而自己迟迟没有落实用人单位时,更是愤愤不平,认为社会不公平、就业机会不均等,陷入痛苦之中不能自拔,甚至失去继续参加择业竞争的信心。

(四)盲目攀高

近年来,大学生的求职出现了起点高、薪水高、职位高的倾向。特别是一些名牌高校、热门专业的毕业生,要求录用单位名声好、牌子响、效益高、工作轻、离家近、管理松。这种攀高的求职心态,说明大学生的职业意识中有着浓厚的主观意念,即自我感觉太好。

(五)盲目从众

不少大学生在就业过程中盲目从众,人云亦云,缺乏个人主见,往往脱离自己的实际状况,跟在别人的后面走。比如,在就业市场中哪个摊位前人多他们就往哪里去,或者盲目奔向经济发达地区和中心城市就业,一味追求所谓的热门单位、热门职业,别人说什么工作好他们就寻求什么样的工作,别人说什么公司赚钱他们就想去开什么公司,而全然不顾自己的能力和现状,不会扬长避短。

(六)浮躁心理

不少高职大学生在求职过程中存在浮躁心理。浮躁是一种不良的心境,它使人缺乏自我控制能力,会导致事倍功半甚至事与愿违的结果。浮躁的主要表现为:一是有的大学生恨时间过得太慢,怨用人单位优柔寡断,他们希望面试时一锤定音,希望无需经过周折就能如愿以偿;二是有的大学生在选择单位上,在对用人单位信息掌握较少或不完全了解用人单位的工作性质时,就匆匆签约,一旦发现未能如愿,又后悔莫及。尤其是在规定的期限内未落实单位的一些大学生,心理更为浮躁。

(七)患得患失

大学生在择业过程中会面临种种剧烈的心理冲突,产生种种矛盾的心态,这使得部分大学生在就业中感到十分迷惘和困惑,当断不断、患得患失,这山望着那山高,错失了很多机遇。

(八)依赖心理

在择业过程中,一些大学生缺乏主动参与意识和竞争意识,不是主动地参与市场的竞争,而是寄希望于学校,寄希望于地方毕业生就业主管部门,寄希望于家庭,或静候学校和地方的安排,或依靠家长去四处奔波,缺乏择业与创业的主动性,等靠思想和依赖心理严重,使自己在就业或创业中处于劣势。

第三节　高职大学生常见就业心理问题的解决策略

在就业过程中遇到困难,产生一些不良情绪是正常的。但是遇到问题时,高职大学生要学会调节自己的心态,做出正确、理智的选择。本节针对高职大学生就业心理问题产生的原因,提出一些解决策略,借以引导高职大学生树立正确的就业观,走出就业的心理误区。

一、树立正确的就业观念

随着大学毕业生人数的逐年增多,大学生就业中的竞争越来越强。但是，许多大学生对市场残酷的一面认识不足，对就业市场的客观了解不够。就业市场化、自主择业、创业给大学生带来了机遇与挑战，与其成天怨天尤人，浪费了时间、影响了心情，还不如树立正确的就业观念，辩证地看待就业市场。一方面，随着社会主义市场经济的推进，社会越来越尊重知识、尊重人才，社会将尽可能地为大学生求职择业提供较好的环境，这将为大学生施展自己的才能提供广阔的天地，从而有利于自身的发展与成才。另一方面，我国生产力还比较落后，社会为大学生提供的工作岗位不可能使人人满意。同时，供需形势也不平衡，边远地区、艰苦行业、基层和生产第一线急需人才。此外，我国的毕业生就业市场还不规范，还需进一步完善。在这样的情况下，高职大学生只有勇敢地承认和接受当前所面临的现实，彻底打破以往的美好想象，一切从实际出发，脚踏实地地寻求解决问题的好方法，同时正确理解当前的政策，才能准确地把握改革为我们带来的机遇，才能为建立良好的择业心态打下基础。

二、要认识到就业是以学业为基础的

高职大学生的学业是以提升自身综合素质、专业能力和就业能力为目标的，这是也就业的出发点。高职大学生应从入学的第一天开始，就能学会正确处理学业、人生规划同专业、职业、创业、就业的关系，逐步转变角色，尽快适应，打好基础，建立合理的知识结构，注重创新思想和实践能力的培养和提高。高职大学生要成为一名“通才”，要具备较强的学习能力，在扎实的理论知识基础上，广泛地学习、掌握相关的技能，增强自己的社会适应能力。

与此同时，在完成学业的过程中，高职大学生应把“专业学习”转为“职业准备”，从“知识积累”转变为“职业生涯资源积累”，并通过专业的见习、实习和社会实践等形式，多争取并参与和未来职业有关的工作机会，提前“试做”工作，根据自身的短板确定科学的努力方法，多下功夫。

三、客观分析自己

对大学生来说,求职择业无疑是人生中的一件大事,是把自己的愿望、能力、特长、爱好等主观条件与就业政策、用人单位的要求等客观条件相结合而做出的一种选择。所以,高职大学生要在就业时客观分析自己,弄清自己的长处和不足之处,弄清自己适宜做什么工作,要实事求是,心中有数,扬长避短,尽量使自己的长处得到发挥。

四、降低就业期望值

在就业市场上,用人单位招不到人、大量的毕业生无处去的"错位"现象普遍存在,这是因为大学生的就业期望普遍较高。因此,大学生要顺利就业就必须首先根据自己的实际情况和就业形势,调整自己的就业期望值。调整就业期望值不是对单位没有选择,也不是只要有单位就去,而是要在职业生涯规划和职业发展观念的基础上重新确定自己的人生轨迹。

此外,一部分大学生通过创业形式实现就业,也是一种不错的尝试。由于当前经济形势严峻、自身经验不足、缺乏经济基础等原因,目前我国大学生创业的成功率还很低,选择创业还是要综合考虑客观、主观条件,慎重选择,不能期望值过高。

五、放眼未来

尽管多数大学生可以通过"双向选择"获得较满意的职业,但是,由于种种原因,一部分大学生的志愿仍难以实现:也许专业较为对口,但地域偏僻或工作在基层;也许地域优越,但专业不对口等。对于这些问题,高职大学生在择业时要看得长远一些,从长计议,正视现实,适应现实,放眼未来。在当前获得一个理想职业的时机还不成熟时,应采取“先就业,后择业,再创业”的办法,通过先选择一个职业,不断提高自己的社会生存能力、增加工作经验,然后凭借自己的努力,通过正当的职业流动,来逐步实现自我价值。要看到就业是自己生活的新起点,只有全身心地投入其中,才能使自己成长、发展、充实、满足,从而实现自己的人生目标,达到服务于社会的目的。

高职大学生一定要明白,职业理想的追求与实现并不一定取决于职业本身。在中外众多的伟大科学家的成长过程中,我们常常可以看到他们当初职业的起点并非那么理想,如富兰克林曾经是个钉书工人,华罗庚初中毕业后便帮助家里料理杂货铺,也曾在母校干过杂务。

六、制订自己的职业生涯规划

职业生涯是每一个人都要经历的,它其实就是一个人一生中的职业经历过程。一个人的生命从开始到完结,可以划分为不同的生命阶段。每一阶段的人,在职业生活中都会有不同的需求和要求。高职大学生要有意识地规划自己的职业生涯,结合自身情况以及眼前的机遇和制约因素,为自己确立职业岗位目标,选择职业的求职方向与路径,制订职业发展规划与计划,并确定付诸行动。

高职大学生的职业生涯规划要与完成学业、准备创业、成功就业紧密联系在一起,无论是大一还是大三的学生,与毕业就业都是等距离的。在具体规划的过程中,大一阶段要把自己喜欢的领域、职业的通用基础知识学好;大二阶段要在喜欢的学科内再选择一个或几个具体领域深入学习一年,如果自己的选择是对的,就可以考虑到用人单位实习了,根据实习来有针对性地强化自己的弱项;大三阶段要进行顶岗实习,要提前适应这个工作,尤其是生活方式上的适应,做到最大限度地与用人单位合拍匹配,同时最大化地补充自己所欠缺的知识与能力。

七、正确对待挫折

大学生在择业与创业过程中,一定会遇到各种障碍和挫折。对于求职而言,挫折并不意味着淘汰和鄙视,相反,它能促使失败者振作起来,使自己加快自立、自强的转化过程。对于挫折,不在于挫折本身,而在于人们如何认识它、对待它。

高职大学生在遇到挫折时,要用冷静和坦然的态度待之,客观地分析自己失败的原因,进行正确的归因,调整自己的求职或创业策略,学会安慰自己,以便在下次的尝试中获得成功。

当然,从根本上说,一个人战胜挫折的能力绝不是一时的努力所能奏效的。它还有赖于大学生平日不断增强自身修养,学会科学地认识分析事物,特别是主动经受一些磨难,增加一些挫折经历。

八、自信乐观

大学生的择业总会遇到许多困难、挫折或委屈,面对这些问题要自信乐观。大学生活即将结束,自己的表现、学习成绩已成定局,要面对现实,充满信心,保持良好的心态。要力戒自傲、虚荣心理,摒弃嫉妒、攀比做法,克服依赖、自卑情绪,大胆接受社会挑战。

九、完善人格

在审视自己择业过程中出现的不良心态时,不少高职大学生会发现自己不容易察觉的一些人格缺陷。人格缺陷是产生这些心理问题的根本原因,如果现在没有很好地完善自己的人格,那么这些问题还会在今后的工作、生活中继续给自己带来困扰。所以,高职大学生还应努力完善自己的人格,积极改变自己、发展自己,使自己的人格更加成熟,将来的人生之路更加顺畅。

十、懂得分析,学会选择

在供需交流会的现场,简历像小山一样堆在招聘方的面前,所以高职大学生遭遇择业失败是很常见的。失败并不可怕,但一定要懂得分析失败的原因,发现问题的根本所在,然后进行选择。人的价值观能够左右人们的生活,能够对人产生重要的影响。而每个人都有自己的价值观,认识自己的价值观非常重要。只有当你的职业选择符合你的价值观时,你才有可能珍视它、重视它,才有可能产生对事业的忠诚感。如果你所选择的是违背自己价值观的职业,那么很有可能会在事业遇到困难的时候就退缩,不会为了事业而努力奋斗;缺乏积极实践的激情,不会在顽强拼搏中表现出百折不挠的意志力,就不会心甘情愿地为之付出时间、精力、金钱。

十一、调整择业心态

高职大学生在择业时,自己或身边的同学出现一些不健康的心态是正常的,没有必要过度担心、害怕自己有心理障碍。心理学家通过理论探讨和实践检验,创立了许多行之有效的自我心理调适方法。大学生在就业过程中,可根据自己的心态有选择性地加以使用。

第一,合理宣泄法。因挫折造成焦虑和紧张时,消除不良情绪最简单的方法莫过于宣泄,切忌把不良心情埋藏于心底。忧虑隐藏越久,受到的伤害就越大。所以,大学生在择业中处于焦虑、忧郁等消极情绪状态时,不能一味地把不良心情藏在心底,而应进行适当的宣泄。高职大学生可以向朋友、老师倾诉,寻求他们的安慰与支持。但是,一定要注意场合、身份、气氛,注意适度,宣泄应是无破坏性的。

第二,情绪转移法。有些时候,不良情绪是不易控制的。这时,可以采取迂回的办法,把自己的情感和精力转移到其他活动中去。例如,高职大学生可以通过体育锻炼、听音乐、郊游等方式转移自己的注意力,排解心中的烦闷,放松自己的心情,使自己没有时间沉浸在不良情绪中,以求得心理平衡,保护自己。

第三,自我激励法。大学生在择业面试中常常出现胆怯、信心不足等现象,可以通过积极的自我激励进行调节,增强自信心。

第四,自我慰藉法。自我慰藉就是自我安慰,实质是自我忍耐。择业中遇到困难和挫折,已尽了主观努力仍无法改变时,大学生可以进行积极的自我心理暗示,说服自己适当让步,不必苛求,承认并接受现实,并鼓励自己,帮助自己渡过难关。

第五,自我冷静法。冷静与理智是一个人成熟的重要标志之一。遇到困难和挫折时,要冷静对待,控制心境,切莫冲动和急躁;摆脱干扰,仔细分析是自身原因还是用人单位的原因,然后再有针对性地解决。冷静思考有利于稳定情绪,找出原因,有利于有针对性地解决问题。

总之,大学生择业是人生的一次重要抉择。在这紧要关头,大学生要走出各种心理误区,保持良好的心态,并有充分的心理准备。心理准备的过程可以在整个大学期间。因此,作为一名大学生,想在择业时具有良好的心理素质,就必须要依赖于平时的训练,具备分析失败的原因和发现问题的能力,学会选择。

参考文献

[1]谢金凤,刘秋菊.大学生心理健康教育[M].北京:高等教育出版社,2018.

[2]程玮,陈艳.大学生心理健康与发展[M].北京:中国轻工业出版社,2018.

[3]刘梅,刘静洋.大学生心理健康教育(第2版)[M].北京:清华大学出版社,2018.

[4]王殿春,冯梅梅,陈盈盈.当代大学生心理健康教育理论与实践教程[M].北京:中国纺织出版社,2017.

[5]张玉芝,周兰芳.大学生心理健康[M].北京:北京理工大学出版社,2017.

[6]辛勇,等.大学生心理健康教育[M].北京:科学出版社,2017.

[7]肖淑梅,彭彤.高职大学生心理健康[M].北京:机械工业出版社,2016.

[8]黄雪薇.心灵解惑:大学生心理健康教程(第2版)[M].北京:科学出版社,2016.

[9]周莉.大学生心理健康教育(第2版)[M].北京:中国人民大学出版社,2015.

[10]孙慧金,冯丽霞.心理健康与保健[M].北京:清华大学出版社,2013.

[11]王焕林.医学心理卫生学导读[M].北京:人民军医出版社,2012.

[12]余孟辉.大学生心理健康教育[M].北京:中国水利水电

出版社,2008.

[13]唐启金.新编大学生心理健康教育[M].北京:国防科技大学出版社,2008.

[14]杨艳琳,等.中国经济发展中的就业问题[M].济南:山东人民出版社,2010.

[15]陈春法.高职就业辅导[M].北京:现代教育出版社,2010.

[16]蒋东良.非战略管理的战略思想:现代企业社会责任观[M].北京:社会科学文献出版社,2009.

[17]李继樊,罗仕聪.人力经济学:兼论经济全球化与中国人才战略[M].北京:中国经济出版社,2005.

[18]郭增琦.职业生涯规范化与就业指导[M].北京:中央文献出版社,2008.

[19]张博.职业生涯规划与管理[M].北京:中国电力出版社,2014.

[20]安晓东,梁晶晶.当代大学生择业及就业问题研究——以山西省为例[M].北京:中国言实出版社,2016.

[21]李小薇,潘亚妹,朱丽芬.大学生心理健康教育[M].北京:北京师范大学出版社,2017.

[22]欧晓霞,罗杨.大学生心理健康(第2版)[M].北京:清华大学出版社,2017.

[23]李宝山,罗新兰.大学生心理健康教育[M].重庆:重庆大学出版社,2017.

[24]朱艳,肖淑梅.高职大学生心理健康教育[M].北京:中国铁道出版社,2012.

[25]赵雪莲.大学生心理健康教育实务[M].北京:清华大学出版社,2017.

[26]杨白群.成长心灵 给力人生:大学生心理健康(第2版)[M].厦门:厦门大学出版社,2016.

[27]胡坚兴.管理的思考与实践[M].北京:企业管理出版

社,2015.

[28]李迎春.心理学[M].北京:北京希望电子出版社,2014.

[29]田爱香.大学生心理健康教育[M].武汉:武汉大学出版社,2015.

[30]金沙曼.社会性别教育[M].西安:西安电子科技大学出版社,2015.

[31]冯宪萍,张洪涛.潜能与成长:大学生心理健康教育[M].济南:山东人民出版社,2013.

[32]刘珂珂,陈敏.高校新闻理论研究与实践[M].北京:中国经济出版社,2015.

[33]陈捷,图娅.大学生心理健康[M].北京:清华大学出版社,2017.

[34]高云山.青少年心理健康(第2版)[M].北京:人民军医出版社,2015.

[35]王天喆,王丹利.大学生心理健康[M].北京:中国轻工业出版社,2007.

[36]陈红英.新编大学生心理健康教程[M].武汉:武汉大学出版社,2014.

[37]姜尔岚,吴成国.大学生就业实用指导[M].成都:电子科技大学出版社,2004.

[38]陈景春,等.大学生心理教育与管理[M].长春:吉林人民出版社,2002.

[39]张强,等.大学新生课堂[M].武汉:武汉大学出版社,2013.

[40]谷成久.大学生学习与就业指导教程[M].合肥:安徽教育出版社,2008.

[41]王宇中,等.大学生心理健康教育[M].郑州:郑州大学出版社,2013.

[42]朱永芳,项振英.高职大学生心理健康教育[M].北京:中国矿业大学出版社,2008.

[43]王言根.学会学习:大学生学习引论(第2版)[M].北京:教育科学出版社,2008.

[44]郑彩莲,等.人际物语:大学生交往的智慧与秘籍[M].杭州:浙江大学出版社,2014.

[45]陈兰萍.大学生心理健康导论[M].西安:陕西人民出版社,2013.

[46]邢汝河,于君.高职学生心理辅导指南[M].大连:大连海事大学出版社,2008.

[47]郭瑞芳.网络青年心理分析[M].北京:中国传媒大学出版社,2010.

[48]王金云,张静,宋大成.大学生心理健康教育与训练[M].北京:电子工业出版社,2015.

[49]朱金富,林贤浩.医学心理学[M].北京:中国医药科技出版社,2016.

[50]吴建章.高校贫困生问题研究[M].济南:山东人民出版社,2016.

[51]王玉花,云长海,赵阿勐.大学生健康心理学[M].上海:第二军医大学出版社,2011.

[52]王林毅,杜安平.大学生身心健康指导[M].北京:清华大学出版社;北京交通大学出版社,2011.

[53]肖行定.大学生学习生活指南[M].武汉:华中科技大学出版社,2012.

[54]单津辉,周燕琴.大学生心理健康教育[M].北京:北京理工大学出版社,2014.

[55]陈妮娅.大学生心理健康教育[M].厦门:厦门大学出版社,2016.

[56]张义明,黄存良,袁书卷.大学生心理健康教育[M].成都:西南交通大学出版社,2014.

[57]吴继霞.大学生心理素质发展论[M].苏州:苏州大学出版社,2001.

[58]范韶维，黄军利，李红娇.大学生心理健康教育（第3版）[M].徐州：中国矿业大学出版社，2014.

[59]彭卫民，王怀林.大学生健康教育实用教程[M].成都：四川大学出版社，2011.

[60]唐敏，吕芳芳，苗培周.大学生心理健康教育[M].杭州：浙江工商大学出版社，2016.

[61]姚军，张文海.大学生心理健康辅导理论与实践[M].苏州：苏州大学出版社，2016.

[62]于晓东，李钟香，陈东.高等学校体育教程（基础篇）[M].南京：南京大学出版，2013.

[63]孙智凭，陈斯祁，白托娅.大学生心理健康教育与拓展[M].北京：中国传媒大学出版社，2013.

[64]夏翠翠.大学生心理健康教育：慕课版[M].北京：人民邮电出版社，2017.

[65]孟庆荣，徐向春.人际交往与沟通[M].广州：暨南大学出版社，2016.

[66]李孟洁.交际是一种非凡的能力[M].北京：中国电力出版社，2015.

[67]山西省高校师资培训中心组.高等教育心理学（第2版）[M].太原：山西人民出版社，2014.

[68]程祥国，等.点亮心灵的明灯：大学生心理导航[M].南昌：江西高校出版社，2008.

[69]陈智.心理咨询：实用咨询技巧与心理个案分析[M].成都：四川大学出版社，2002.

[70]陈筱洁.初中生常见心理问题及疏导（第2版）[M].广州：暨南大学出版社，2013.

[71]刘卫锋.大学生心理健康教育与素质拓展训练教程[M].南京：南京大学出版社，2015.

[72]彭贤，李海青.人际关系心理学（第2版）[M].北京：北京交通大学出版社，2013.

[73]姜琳.交流心理学[M].北京:清华大学出版社,2008.

[74]于冬娟,李天源.新编大学生心理健康教育[M].西安:西安交通大学出版社,2014.

[75]刘婵.管理学[M].广州:中山大学出版社,2010.

[76]蔡朔冰,魏丽丽.大学生心理健康教育[M].成都:电子科技大学出版社,2013.

[77]鄢烈洲.大学生心理健康教育读本[M].武汉:华中师范大学出版社,2009.

[78]吴萍娜.大学生心理健康与发展:我的大学,从"心"开始[M].厦门:厦门大学出版社,2013.

[79]李容芳.当代大学生德育教程[M].昆明:云南科技出版社,2012.

[80]武传伟,张洁婷,朱小红.大学生心理健康教育与发展:为成长护航[M].北京:清华大学出版社,2018.

[81]白玛卓嘎.大学生心理健康[M].南京:南京大学出版社,2015.

[82]秦玉刚,高颂华.大学生心理成长与成才[M].东营:中国石油大学出版社,2006.

[83]李丹,刘俊升.健康心理学[M].上海:上海教育出版社,2014.

[84]刘树林.高职大学生心理健康教育[M].上海:上海交通大学出版社,2009.

[85]刘霞.大学生网络成瘾的原因分析及对策研究——以呼伦贝尔学院为例[J].呼伦贝尔学院学报,2018(4).

[86]中国互联网信息中心.第42次《中国互联网络发展状况统计报告》[EB/OL].http://www.cac.gov.cn/2018－08/20/c_1123296882.htm.